あなたの知らない心理学

中西大輔・今田純雄 編
Daisuke Nakanisi & Sumio Imada

大学で学ぶ心理学入門

ナカニシヤ出版

はしがき

　この本は心理学に興味がある高校生や大学生，社会人向けに編まれたものです。心理学の入門書はすでによい本がたくさん出版されています。しかし，それらの本は心理学科に入学した学生を対象として書かれたものが多く，まだ心理学を学ぼうか迷っている方や，すでにお仕事をされていて心理学を学びはじめよう（あるいは学び直そう）としている方を対象としたものはあまりありませんでした。

　ふつう，心理学の入門書は，知覚心理学や学習心理学，性格心理学といった心理学の伝統的な分類に従って，それらの分野で知られた代表的な知見を紹介するという形をとります。このようなスタンダードな入門書は心理学の知識の習得という点では適しています。しかし，そもそも心理学という学問はどういった考え方をするのか，とか，心理学を学ぶにはどうしたらいいのか，とか，心理学を学ぶとどうなるのか，といったことはほとんど触れられていません。

　心理学科に入学してくる方は，心理学とは何かを知らずにやって来ます。学んだことがないのだから当然です。私たち大学で心理学を教えている教員は毎年，同じような誤解をして入学してくる学生を見ています。多くの学生は適応して卒業する頃には1年生に「心理学ってそういうもんじゃないんだよ」と言えるようになって立派に（？）卒業していきます。

　心理学を学んでも人の心がわかるようになったり，自分の悩みが解決できたりすることはありませんが，そういう誤解が心理学人気につながっているという側面はあるでしょう。たくさんの方に心理学科を受験してもらいたい私たちからすれば，これは都合のよい誤解ともいえます。しかし，一方で私たち心理学者はみなさんに「本当の心理学」を知ってもらいたいという欲求を持ち続けています。この本はそんな思いから生まれました。

　みなさんが本当の心理学の姿を知っても心理学を嫌いにならな

いで心理学科に進学してくれることを私たちは心から望んでいます。そしてみなさんの中から将来の心理学者が生まれてくれたらこれに勝る喜びはありません。

　この本を出版するにあたって，ナカニシヤ出版の米谷龍幸さんにたいへんお世話になりました。この場をお借りして感謝申し上げます。

2015 年 4 月 18 日
中西大輔・今田純雄

目　次

Chapter 1　はじめに：大学で心理学を学ぶということ……………1
中西大輔

1-1　自由科目（いわゆる「一般教養科目」）としての心理学　*2*
1-2　心理学科などでの必修科目や選択科目としての心理学　*5*
1-3　大学と学部選び　*10*
1-4　「学びたい心理学」を見極めるのは簡単ではない　*12*

Chapter 2　心理の仕事……………………………………………17
志和資朗・古満伊里

2-1　心理の仕事　*17*
2-2　心理の資格　*25*

Chapter 3　社会人入学を考えているあなたへ…………………37
増田尚史

3-1　はじめに　*37*
3-2　社会人の受け入れに関わる制度　*38*
3-3　心理学を学修したい社会人の方へ　*41*

Chapter 4　心理学って何だろう？………………………………49
中西大輔

4-1　「心理学」ってどういう学問なの？　*49*
4-2　心理学の研究対象はヒトだけではない!?　*56*
4-3　心理学にはいろいろな分野がある　*58*
4-4　それぞれの分野ではどんな研究が行われているのか？　*62*

Chapter 5　心理学者ってどんな人？ ……………………… 71

今田純雄

5-1　心理学者の多くは大学の教員です　*71*
5-2　大学の教員とは　*72*
5-3　「心理学者」の研究活動とは　*75*
5-4　研究とは何か　*78*
5-5　基礎研究と応用研究：「なぜ」と「どうすれば」のちがい　*80*
5-6　心理学者ってどんな人？　*81*

Chapter 6　心理学は科学なの，哲学なの，医学なの？ ………… 87

渡邊芳之

6-1　心理学は科学なの？　*87*
6-2　心理学は哲学なの？　*91*
6-3　心理学は医学なの？　*94*

Chapter 7　心理学を学ぶとどうなるの？：心理学が目指す人間像
……………………………………………………………………… 99

中西大輔

7-1　人助けができる？　*99*
7-2　他人の心がよくわかる？　*101*
7-3　幸せになれる？　*103*
7-4　データを正しく読める　*104*
7-5　実験や調査を企画し，データを分析できる　*109*
7-6　企画書や報告書を書くことができる　*110*
7-7　ま と め　*110*

目　次　v

Chapter 8　心理学を学ぶにはどうしたらいいの … 115
今田純雄

8-1　つながっている　115
8-2　つながりを絶つ　117
8-3　心理学を学ぶにはどうしたらいいの　119
8-4　大学の図書館へ行こう　121
8-5　心理学に「絶対」はない　122
8-6　再び，心理学を学ぶためには　124
8-7　最 後 に　125

Chapter 9　Web で学ぶ心理学 … 131
三浦麻子

9-1　美味しい餌（情報）の探し方　131
9-2　心理学の全体像を知る　132
9-3　Web を捨てずともよい，旅に出よう　139

Chaper 10　本で学ぶ心理学：どんな本を読めばよいのだろう？ … 145
小塩真司

10-1　読書をしよう　145
10-2　数冊読もう　146
10-3　記録しよう　147
10-4　心理学の本を探そう　148
10-5　おすすめの本は？　150

事項索引　158
人名索引　162

コラム①	心理学を学ぶには数学が必要!?	小杉考司	*14*
コラム②	地方中小大学の教員奮闘記	大学教員P	*15*
コラム③	企業の心理学者って何をしているの?	松田昌史	*33*
コラム④	精神科,心療内科,神経内科,心理療法室の関係は?	志和資朗	*34*
コラム⑤	カウンセラーになりたい	田山 淳	*36*
コラム⑥	社会人大学院生の生活	井川純一	*46*
コラム⑦	モチベーション	大坊郁夫	*47*
コラム⑧	ウソって見抜けるの?	松田いづみ	*67*
コラム⑨	失敗は成功のもと? 後悔と選択の関係	小宮あすか	*68*
コラム⑩	子育てと心理学	村山 綾	*84*
コラム⑪	当たり前の行動に意味を見つける	外山紀子	*85*
コラム⑫	子どもの食	根ヶ山光一	*97*
コラム⑬	炎の魔力	今田純雄	*98*
コラム⑭	ビジネスにも役立つ心理学	戸梶亜紀彦	*112*
コラム⑮	心理学は性理学?	今田純雄	*113*
コラム⑯	マクドナルドのロゴから何がわかる?	今田純雄	*128*
コラム⑰	アメリカの大学生は忙しく,のんびりしている!?	清水 充	*129*
コラム⑱	戦争とか紛争ってどうしておこるの?	横田晋大	*141*
コラム⑲	心理学ワールドへようこそ	宮谷真人	*142*
コラム⑳	心理学とコンピュータ	前田和寛	*155*
コラム㉑	理想的なリーダーってどんな人?	山浦一保	*156*

Chapter 1

はじめに
大学で心理学を学ぶということ

中西大輔

　心理学という科目は高校までの教科にはありません。中学校の保健体育や高校の倫理で多少心理学に関する内容に触れる程度です。あなたが高校生や大学に入ったばかりの大学生なら，心理学はどういう学問なのか体系的に学んだことがないということです。ほとんどの人にとって心理学をはじめて学ぶのが大学です。

　今この本を手に取っているあなたはこれから心理学を学ぼうとしている高校生かもしれませんし，既に大学に入って心理学の科目を学び始めた大学生かもしれません。あるいはどこかの会社で働き，もう一度心理学という学問を学び直してみたいと思っている（あるいは初めて学びたいと思っている）社会人かもしれません。

　大学で心理学を学ぶといっても，その学び方は何通りもあります。心理学科に入学して必修科目や選択科目として心理学のさまざまな科目を履修することもありますし，英文学科や物理学科に入って自由科目として心理学を学ぶ場合もあります。大学の科目は必修科目，選択科目及び自由科目から成り立っています（図1-1は科目設置の例）。これは大学設置基準という文部科学省が定めた，大学が守るべき最低限のルールで決められています。多くの大学では「一般教育科目」や「一般教養科目」などの名称で自由科目にあたる科目群を設置しています。どの専攻に入学しても，自由科目にはたいてい「心理学」という科目があります（あるいは「〇〇の心理学」という科目名で開講されているかもしれません）。したがって，心理学科など心理学を専攻とする学科や専攻に入学しなくても，自由科目の枠で心理学科の科目を履修することも可能です。ただし，実習や演習など少人数である程度の専門性を要求される科目は履修を断られ

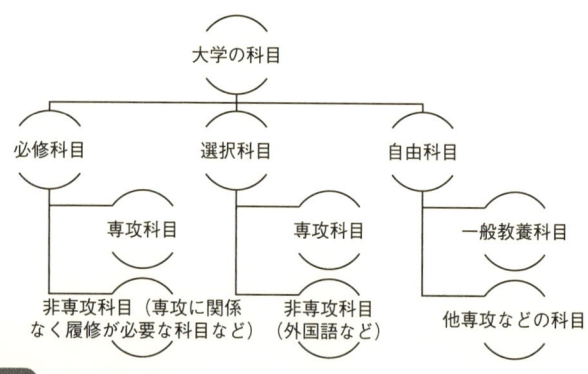

図 1-1 科目設置の例

ることもあります。筆者はもともと学部では心理学を専攻していなかったため、心理学の科目は自由選択の枠で履修しましたが、やはり実習では一部履修を断られたことがあります。実習では機器の準備や実習室の都合で、専攻生以外の学生を受け容れることが難しい場合もあるので、要注意です。

❶ 自由科目（いわゆる「一般教養科目」）としての心理学

もしあなたが心理学を専攻としていない場合、大学で心理学を学ぶ機会として一番多いのは、この一般教養科目としての心理学です。ほとんどの大学では、自分の専門とは別にこうした一般教養科目のうちから一定の単位を履修しなくてはいけません。多くの学生は1年生のうちにこうした科目を履修し、単位を修得します。通常大学では半期15回の授業が開講されています（2学期制の場合）。大学によっては前期と後期にそれぞれ「心理学Ⅰ」「心理学Ⅱ」といった科目を配置している場合もあります。

こうした科目では多くの場合、これまでに得られた知見を網羅的に学びます。履修者は比較的多く、例えば筆者が学部の4年間を過ごした北海道教育大学の心理学では、教室に入りきらないほどの学生が集まりました（もっとも、授業が終わる頃にはかなり空席が

1 自由科目（いわゆる「一般教養科目」）としての心理学　3

目立ちましたが）。このように多くの学生が履修したいと思うのは，最初の方でも書きましたが，高校までに習った経験がなく，期待が膨らんでいることの証拠でしょう。とはいえ，哲学なども高校までは体系的に学んでいなかったわけですから，単に「高校までに学んでいない」というだけの理由ではありません。みなさんは，心理学に対して何らかの期待をもって大学に入学してきます。

　では，心理学とは何でしょうか。そのことは本書を一通りお読みになればイメージくらいはつかめるかもしれませんが，多くの学生はこうした本を一切読まずに入学してきます（入学する前にこの本を手に取られたあなたはラッキーです）。多くの学生は，入学後に心理学の授業を履修して面食らうでしょう。あるいはあまりに期待はずれだとがっかりするかもしれません。心理学という学問は，おそらく非常に実践的な学問だという勘違いをされています。実践的な学問というのは，すぐに役に立つとか，大学で心理学を学ぶと卒業後に即戦力として活躍できるということです。もちろん，実践的な心理学もありますが，ほとんどの心理学は実践とはかなり遠い位置にあります。

　あなたが心理学に対してもつイメージはどんなイメージでしょうか。病院で活躍する臨床心理士でしょうか。犯罪捜査に協力する犯罪心理学者でしょうか。それとも学校で悩みを聞いてくれるカウンセラーでしょうか。それらのイメージは，完全に間違っているとはいえないものの，心理学の実体を正しくつかんでいるとはいえません。

　あなたは自動車の整備士に対してどんな期待をもっていますか。自動車を正しく整備することですよね。例えば整備士にサーキットで車を走らせてよいタイムをたたき出すことを期待するでしょうか。多くの心理学者は実践にかかわっていません。第4章でも紹介しますが，日本心理学会の会員数は8,000人もいませんが，日本心理臨床学会の会員数は2万人をゆうに超えます。このことは，現場で心理学の知識を使って活躍している人たちの多くは日本心理学会の会

員ではないということを意味します。大学で心理学を教えている教員の多くは日本心理学会に入会しています。もちろん，自分の専門学会（日本教育心理学会や日本動物心理学会など）だけに入会して日本心理学会には入会していない心理学者もいますが，多くの心理学者は日本心理学会にはとりあえず入会することが多いです。

なお，学会に入会するには多くの場合，既に学会員になっている方の紹介が必要です（必要のない学会もあります）。言い換えれば，学会の会員というのは，紹介さえあれば誰でもなれるものです。また，だいたい毎年開催される心理学の年次大会には多くの研究者が参加して発表を行いますが，そこでの発表には厳密な意味での審査はありません。つまり，会員であれば誰でも，どんな内容でも発表することができます。データの裏付けがない研究も，ひどい分析をしている研究であっても発表ができます。したがって，「学会で発表された」こと自体は学問的には何ら重要な意味をもちません。このことは気をつけなければいけません。われわれは「学会で発表された」と言われると一定の権威を感じてしまいますが，それ自体にはほとんど価値がないことは覚えておいたほうがよいと思います。もちろん，学会発表をもとに論文を仕上げることが多いので，論文の種になるようなすぐれた発表も多くなされていますし，平均的には価値のある研究発表が多数を占めます。

さて，少し話がズレました。一般教養科目で心理学を学ぶ学生は，多分面食らうことでしょう。一定の期待をもって心理学の講義を受ける学生が多いのですが，その期待がことごとく裏切られるからです。心のケアに興味があったのに，最初に習うのはイヌやネズミの実験です。メトロノームを聞かせて涎を垂らすイヌの話がなぜ心理学なのか，素朴な疑問を抱くだろうと思います。これらがなぜ心理学なのかについては，第4章で詳しく説明しています。

あえていえば，一般教養科目の心理学とは，われわれがふつうにもっている心理学に対する常識を破壊するためにあるのです。多くの学生は期待はずれだとして心理学を勉強するのをやめてしまうで

しょう。筆者が大学生の頃に履修していた心理学で，授業の後半に空席が多くなったのはそういう理由です。

　もちろん，みなさんがイメージするような心理学がまったく存在しないということはありません。臨床心理学の分野ではカウンセリングが行われますし，いわゆる心理テストも存在します。しかし，その心理テストは書店にうずたかく平積みされている本にあるようなものではありませんし，解釈もそれほど簡単ではありません。一般教養科目の心理学で学ぶ内容は心理学のほぼ全領域をまたいだ薄く広い分野ですから，あなたが知りたい心理学は一瞬のうちに通り過ぎて行きます。それくらい心理学の領域は広大なのです。あなたはフロイトに興味があるかもしれませんが，フロイトの話は15週の授業のうち，たった数分で通り過ぎてしまう場合もあります。

　しかし，大学というのはそもそも「そういうところ」なのです。もしフロイトに興味があるのだったら，本を借りたり買ったりして読めばよいのだし（そのために大学には立派な図書館が併設されています），フロイトに詳しい精神分析の専門家の研究室を尋ねればよいのです。大学の授業に出席して座っているだけでは，自分が学びたいと思う内容を学ぶことはできないでしょう。一般教養科目の授業はそういうきっかけを作るためにあると考えてください。

❷ 心理学科などでの必修科目や選択科目としての心理学

　心理学科や心理学専攻など，心理学を専門的に学ぶコースに入学すると心理学に関連するさまざまな科目（ここでは便宜上「専門科目」と呼ぶことにしましょう）を履修することになります。専門科目としての心理学にはさまざまな種類の授業があります。それらの授業は，講義及び演習と実験，実習及び実技の大きく2つに分けることができます（これらの区別は自由科目にもあります）。

　講義科目は一般に「座学」と呼ばれる授業です。教科書が用意される場合もあれば，教員が自作したプリントやスライド，板書を使って展開される授業もあります。知識を吸収するための授業で，高

校までの多くの授業と同じようなやり方で進行します。実習科目では実験や調査，検査，カウンセリング実習等，心理学の研究で使われるさまざまな方法を実際に使ってデータ分析やレポート作成を行います。演習科目は担当者によってさまざまな活動が行われますが，多くの場合少人数のゼミスタイルで文献を購読したり，研究計画を発表したりといったいわゆるプロジェクト型の活動が展開される授業です。なお，こうした演習型の授業はそれぞれの教員が開講しているクラスのいずれかを選んで履修することが多く，2年生までに「どの先生につくか」を考えて，3年生以降，自分が卒業論文を指導してもらいたい専門分野の教員を選ぶことになります。何年時にゼミに配属されるか，配属の基準がどうか（例えば人気の高い教員のクラスは成績等で選抜をする場合があります）といったことは大学によって異なります。例えば臨床心理学の専門家が1人しかいない学科で，臨床心理学の指導を受けるためには，まずはその教員の開講する演習クラス（あるいは卒論クラス）に配属される必要があるということです。

　また，それ以外の切り口として，必修か選択かという違いがあります。多くの場合，実習や演習は必修（あるいはある選択枠から特定の科目を履修しなければいけない選択必修）となっていますが，講義には選択のものもありますし，必修のものもあります。

1　心理学科の必修科目

　その学科（専攻）での必修科目というのは，その科目の単位を修得しなければその次に履修する科目の理解が困難であるという意味で設置されることがほとんどです。つまり，4年間の積み上げ式のカリキュラムを考えた場合に，どのルートで勉強すれば最も効率的に心理学を修得できるのかを示したみちしるべとして必修科目は存在します。食い放題のレストランのように，好きなものを好きなだけとって食べても，心理学の研究について理解することはできません。

2 心理学科などでの必修科目や選択科目としての心理学

　心理学科ではたいてい1年生か2年生で統計の授業や基礎実験が必修として課されることが多くなっています。統計学の知識は心理学の実験・調査・検査データを分析する上で必ず必要なので、誠実な大学であれば必修の授業として設置されています。ところが心理学科に進学する学生の多くは、いわゆる文系で統計学を苦手とします。そのため、1年生や2年生の段階で統計学の授業についていけず「こんなことを勉強するために心理学科に進学したのではなかったのに」とため息をつくこともあるかもしれません。しかしながら、「こんなこと」もできずに心理学を学ぶことは不可能なのです。好きなものを好きなだけ好きな順序で学んで専門知識を得られるのだったら、わざわざ学校に行く必要はありません。図書館にも、書店にも、インターネット上にも、心理学を学ぶための素材は十分豊富に存在します。それらの素材を使って自分で勉強をしたらよいのです。しかし、そのような学習方法だけでは心理学を効率的に学ぶことができないからこそ、わざわざ学校に通うわけです。心理学では科学的な方法を用いて研究をするのが主流ですから、研究手法も一定のやり方があります。そうしたやり方を習うためには、必修授業を1年次から順に配置した積み上げ式のカリキュラムが有効なのです。

　必修の授業として課されることの多い基礎実験（あるいは実験実習）では、古典的な心理学実験を学びます。異なる大きさの分銅の重量を比べたり、線分の長さを比べたり、触覚の二点弁別をさせたりといった「いったいこれのどこが心理学なのか」と疑問をもたれるような内容の実験が多くなっています。しかしながら、こうした基礎実験は誰がやってもほぼ確実に結果が再現され、現在の心理学の基盤となっているものです。データの処理の仕方を学んだり、実験レポートの書き方を学んだりするために最適の内容というわけです。

　しかしながら、残念なことに特に臨床心理学を重視している学科などではこうした実習がないところも増えてきています。科目名は

大学によって異なり，必ずしも「基礎実験」という名称で開講されているわけではないということは注意する必要があります。むしろ基礎実験という名称のまま開講している大学の方が今は少ないでしょう。

多くの大学では3年生以降になるといわゆるゼミ形式の授業を履修することになります。これも必修となっている大学が多いと思われます。いわゆる国公立大学（国立大学法人や公立大学）ではゼミが1学年5名未満のこともありますが，私立大学では1クラス10名から20名程度がふつうです。国公立大学は授業料が安く，その割に1教員あたりの学生数が少ないのでかなりお得といえるでしょう。

■ 2　心理学科の選択科目

選択科目の多くは講義系の科目です。「臨床心理学」「社会心理学」「認知心理学」「発達心理学」といった科目群が心理学科には存在します。それらの多くは選択科目です。講義系科目でも「心理学概論」のように多くの大学で必修扱いとなっている講義も存在します。これらの科目は選択科目ではあっても，専門科目（あるいは学科・専攻科目）になっていて，これらの選択科目の中から一定数の科目を履修する必要がある場合もあります。多くの場合，自分の関心にあわせて履修すればよいでしょう。とはいえ，大学での授業科目など，履修してみないと内容がわからない場合がほとんどですから，時間割が許す限り，できるだけ多くの専門科目を履修するようにしましょう。そもそも「どの科目を履修したらよいかわからない」人を初学者というわけですから，できるだけ多くの科目を履修するべきです。少なくとも，ゼミに配属を希望している教員が開講している科目は優先的に履修しましょう。隔年開講の場合もありますので，開講されている年に履修をしておかなければ次は2年後にならないと履修できず，ゼミ配属までに間に合わない可能性があります。

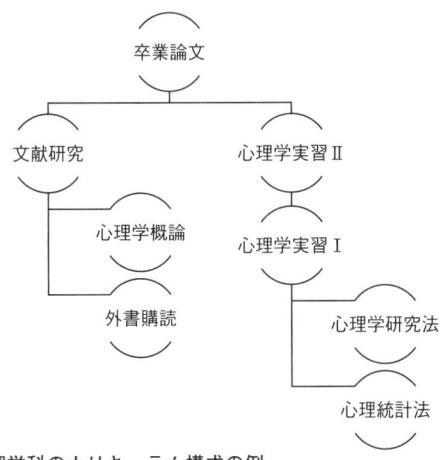

図 1-2 心理学科のカリキュラム構成の例

　なお，大学にはシラバスという授業内容について説明してある冊子（最近はインターネット上に公開されている場合も多い）があります。シラバスというのは「どのような学生をどのように仕上げるか」という，その科目の達成目標について説明された文書です。これは学生としての達成目標でもありますが，それ以上に教員側の達成目標でもあるわけです。

　こうした達成目標はその学科全体のカリキュラムの一部分を構成しています。カリキュラムとは学科全体の教育目標を達成するために，どのような科目をどのように配置するかを明示したものです。心理学科には学科としての教育目標があり，その教育目標を達成するためにさまざまな科目が設置されています。それらの科目がどのように接続されているかを明確に体現したものがカリキュラムというものです。

　例えば，図 1-2 は非常に簡略化した心理学科のカリキュラム構成の例です。最終的に卒業論文を書くために，どのような科目をどのような順番で履修しなければならないかを示したものです。このカリキュラムでは心理学実習Iを履修するためには心理学研究法と心

理統計法の授業を履修していなければならず，そこで学んだ内容は心理学実習Ⅱの履修前提となるという構成になっています。そのため，心理学実習Ⅱのシラバスには，履修の前提（心理学研究法と心理統計法の履修が必須であること）と，その科目のゴール（心理学実習Ⅱに接続する科目であること）が示されます。

このように，シラバスというのは，本来は科目と科目の関係について説明する文書であるわけですが，大学の授業には選択科目が多くあります。どの選択科目を履修すればどのような力がつくのか，シラバスをよく読んで判断をすることも必要でしょう。このような判断を学生にさせるかどうかについては議論の分かれるところですが，現状の心理学科には多くの選択科目がありますので，どのような選択科目を履修するべきか判断する材料として使ってみましょう。例えば，インターネット検索で「心理学 シラバス」などのキーワードで検索するとさまざまな大学のシラバスを読むことができます。

❸ 大学と学部選び

特に国立大学では，1つの大学に複数の心理学の学科ないし専攻がある場合も珍しくありません。例えば東京大学には表1-1のように3つの学部にまたがって4つの講座が存在します。大まかにいえば文学部の行動文化学科の心理学研究室では基礎的な心理学を，社会心理学研究室では社会心理学を学ぶことができます。教養学部の認知行動科学コースは統合自然科学科という理系の学科に所属していますので，ここでは生物学的な心理学を学ぶことができます。

文学部と教育学部に心理学の講座が存在する例は国立大学では珍しくありません。例えば筆者が大学院の5年間通った北海道大学では，文学部に人間システム科学コースがあり，その中に心理システム科学講座という基礎心理学を学ぶ講座と行動システム科学講座という社会心理学を学ぶ講座があります。教育学部教育学科には発達心理学や教育心理学，臨床心理学を学ぶことができる研究室が存在します。例えば「行動システム科学講座」のように，「心理学」とい

表 1-1 東京大学の 4 つの講座

東京大学文学部

【行動文化学科心理学研究室】

視覚神経科学，心理物理学，認知心理学，統合的認知，知覚心理学，実験心理学

【行動文化学科社会心理学研究室】

社会心理学

【東京大学教養学部統合自然科学科認知行動科学コース】

臨床心理学，臨床精神医学，認知科学，知能情報学，神経生態学，言語起源論，健康心理学，行動生態学，進化心理学，発達心理学，発達認知神経科学，人工物デザイン学，言語脳科学，人間の脳機能イメージング，知覚心理学，脳科学，比較認知科学，内分泌行動学，心理統計学，教育評価，統計的意思決定論

【東京大学教育学部総合教育科学専攻心身発達学専修教育心理学コース】

発達心理学，学習心理学，認知心理学，教育心理学，動機づけの心理学，学校社会心理学（大学院教育学研究科に臨床心理学コースあり）

うキーワードの入っていない講座でも心理学が学べるので，学科名や専修名を見ただけでは心理学が学べるかどうかがわかりにくいこともあります。

多くの場合，国立大学では文学部（あるいは文学部から派生した学部）系列の心理学講座と，教育学部系列の心理学講座で心理学を学ぶことができます。一言で「心理学」といっても第 4 章で見るように多様な分野がありますので，自分の学びたい心理学がその学部で学べるのかどうかを事前にきちんと調べておく必要があります。全国各地にある教員養成を目標とした教育大学にはたいてい心理学の教員がいます。教員免許状を取得するためには教育心理学の単位が必要だからです。教育大学に入って教育心理学のゼミに配属されれば，希望通り心理学を学ぶことができます。私立大学の場合は多くの場合，もう少し話はシンプルです。たいてい「心理学部」や「心理学科」あるいは「心理学専攻」といったわかりやすい名称になっていることが多いからです。

いずれにしても，大事なのは自分が学びたい心理学を教えている

教員がその大学や学部，学科にいるかどうかです。認知心理学を学びたいのに，「心理学科」ではあっても，認知心理学の専門家が1人もいない大学に入学しても認知心理学の本格的な教育を受けることはできません（非常勤講師が開講している認知心理学の授業を履修することくらいはできますが）。

❹ 「学びたい心理学」を見極めるのは簡単ではない

とはいえ，「自分の学びたい心理学」を調べることも容易ではありません。例えば「学習心理学」といわれて，みなさんだったらどんな想像をしますか？　学校での学習について学ぶ学問だと思った人はいないでしょうか？　まさか学習心理学という名前でネズミやハトを使った実験をしているとは想像できないですよね。でも，学習心理学という分野では動物を使うことがとても多く，動物を対象として学習（「学習」というのは心理学用語で経験による行動の変容を意味します）の実験をしている研究者がほとんどです（☞第4章）。

このように学問分野の名称だけでは自分が学びたい心理学がそこで学べるのか知ることは困難です。やはり心理学を目指す高校生のみなさんには，図書館や書店で，大学で使われている心理学の教科書をぱらぱらめくって見ることをお勧めします。あるいはインターネットを使って心理学の情報を集めるのも悪くありません。こうした情報収集については，第9章と第10章に詳しい解説があります。

しかしながら，こんなことをいっては元も子もありませんが，そもそも自分が何を学びたいか，ということは，その分野をある程度学んでからでないとわからないものです。本当はみなさんが学びたいのは教育学かもしれないし，社会学かもしれないし，哲学かもしれません。「動物のことなんて学びたいわけじゃない，人を助ける臨床心理学を学びたいんだ」と思って大学へ入学した人が学習心理学者になって毎日ハトの実験をするなんてことも珍しくありません。筆者自身もはじめに興味をもったのは臨床心理学でしたが，社会心理学の恩師に出会ってこの分野で研究をすることになりました。そ

れはそれでまったく構わないのだと思います。

　重要なのは，心理学科や心理学専攻であれば，大学のカリキュラムはみなさんが心理学を効率的に学べるように組み立てられている，ということです。もちろんこれは理想論で，実際にはよいカリキュラムもあればそうでないカリキュラムもあるでしょう。しかしながら，みなさんが心理学を学ぶよいみちしるべになることは間違いありません。みなさんには「カウンセラーになりたい」とか「人の行動予測がしたい」といった希望や期待があるかもしれませんが，自分が今の時点で（例えば高校3年生の受験シーズンに）学びたいと思うことだけを大学の4年間で学び続けることはたいへんリスクの高い行為なのです。

　みなさんが高校生だとしたら，半年前はどんなことを考えていましたか？　半年前の自分と今の自分は同じでしょうか？　1年前だったらどうでしょう？　人の好みや将来の夢はどんどん変わって行くものです。ずっと一貫して変わらないという人もいるかもしれません。でも，みなさん（高校生だとしたら）はまだ20年も生きていません。そんな段階で専門を絞り込むのは難しくて当たり前なのです。だから，心理学に興味があるのなら，心理学という領域を（自分の好きな分野だけでなく）体系的に学べることが大事です。

　できるだけ希望する大学のカリキュラムを調べてから進学先を決めましょう。統計学や実験実習をきちんと必修にしているかどうか，専門科目の数は十分か，教員はきちんと論文を書いているか，といったことはネットでも調べることができます。もちろん偏差値という大きな壁はありますが，偏差値を上げるための動機づけとして，ぜひともどのような教育体制をとっているか，カリキュラムをきちんと調べるようにしましょう。

コラム① 心理学を学ぶには数学が必要!?

小杉考司

　心理学を学ぶコースの中にはきまって，心理学統計法とか心理測定法，データ分析法といった授業が用意されています。「心理学を学ぶのに数学が必要なんですか」と，聞かれることもありますし，「データを分析するときに数字は出てくるよ」というだけでがっかりされることも少なくありません。でもこれは，まるで「このお料理は火を使いましたか」と聞かれているようなものです。火を使っているからこの料理は嫌い，というのはもったいないどころではないと思いませんか。

　心理学は目に見えない心を対象として，データに基づいて研究を進めていくものです。データに基づかなければ，「理論的・原理的にこうなる」という論証だけで研究を進めていくことになりますが，そうすると「理論にそぐわないからこれは人ではない」ということになってしまいます。心理学は逆に，常に目の前にいる人間が，答えなのです。「理論通りにならない，人の心のあり方とはどのようなものか」と，常に問いを開いておくのです。

　そのためにデータが必要です。データというと，すぐに数字だ（「あ，火が入った！」）と思う人がいるかもしれませんが，データは数字だけではありません。言葉やしぐさ，動き，行動の全てが，人間を考えるデータになります。数字で表現できるところは数字で表現します。数字で表現できないところは，言葉や行動を記録して表現します。記録に際して，1，2といった数字を割り振っておくだけでも，ぐっと整理しやすくなります。

　数字で表せる利点を考えてみましょう。第一に数字は具体的です。私の身長が176cmである，というデータは，「やや高め」という表現より具体的で，正確に伝わります。次に，比較がしやすくなります。身長が176cmの人は170cmの人より高い，といえます。人の身長を「意外と高い」と「わりと高い」で表現すると，どちらが高いかよくわかりません。さらに，再現もしやすくなります。計測器によっては176.3cm，176.1cm，175.9cmなど誤差（データのばらつき）が出ることはありますが，ほぼ同じ状態であると考えられます（誤差の程度も見積もることができます！）。数字を使わないあいまいな表現では，こうした具体的な比較が難しいことはすぐに理解できますね。

　そうして数字にしておくと，もう1つの利点が出てきます。すなわち，統計処理ができるようになるのです。心理学における数学のほとんどはデータの統計処理に関することです。統計処理によって，膨大なデータの特徴を要約し，見えなかったパターンや隠れた特徴をあぶりだすことができるようになります。最近はコンピュータの性能がとてもよくなっていて，膨大な逐語録（文章を集めたデータベース）から，言葉がどういった使われ方をしているのかを一瞬で集計し要約することもできます。これも言葉を一旦数字に書き直す（数字のラベルを貼る）ところから，明らかになってくることです。

　統計処理ができるようになることは，別の観点から見ても良いことがあります。すなわち，手続きの客観化，一般化です。データの分析の仕方は特殊な技能ではあ

りません。心を読むことができる術を体得しなくても、コンピュータをちょっと操作するだけで、専門家と同じ結果を得ることができます。世の中にはデータ分析の技術を親切に解説した本がたくさんあります。中には、分析方法のメカニズムをすっ飛ばして、結果の出し方、結果の読み方だけで説明してくれる本もたくさんあります。電子レンジがマイクロ波を出す仕組みを知らなくても、温かいお料理を作って食べることはできるのです。

　数字で表現できないことがあるというのを、否定するわけではありません。中には毒があるような、食べられない食材もあります。それは料理の対象になりません。しかし毒の部分をうまく切りけて、味わえるところを堪能することはできます。そのためには包丁を使う技術が必要です。

　素材の味を生かした生のサラダでも、十分美味しいと思います。よい素材であれば、火を使わずにお刺身でいただいてもよいでしょう。そのために、海や畑で新鮮な食材をとる技術を身につけるという方法もあるかもしれません。ただ、サラダしか作れない人を料理人とはいいません。いろいろな調理器具や調理法があるのに、包丁は使わない、火は使わない、と、最初から決めてかかる料理人がいるでしょうか。

　それはさすがにもったいないと思います。そこまで怖がる必要はありません。心理学における数学の位置づけは、まさにこういうものです。

コラム②　地方中小大学の教員奮闘記

大学教員 P

　現在日本には 780 校あまりの大学が存在しており、そのうちの約半数が首都圏（東京、埼玉、千葉、神奈川）と関西圏（京都、大阪、兵庫）に集中しています。心理学を学べる大学についても同様で、関東・近畿圏の大学で実に 5 割以上を占めています。逆にいえば、大都市圏以外にも心理学を学べる多くの大学が存在していることになります。ただ残念なことに、そのような大学の多くは、地方大学の宿命というか、全国的にはあまり名の知られていない、在学生の数も 2,000 人未満といった中小規模の私立大学です。いわゆる定員数を満たしていない大学の割合は全国的に 50% 弱といわれていますが、地方の中小規模大学ではもっとその比率が高くなっています。日本の 18 歳人口は 2018 年以降にさらに減り始め、それによって大学進学者数も減少することから、いくつかの大学がやがては消えてなくなるともいわれています。大学全入時代の本格的な到来です。知名度の低い地方の中小規模大学にとってはまさに死活問題です。

　どの大学でもそうでしょうが、特に多くの地方中小大学では、入学者の数を増やそうとできる限りの努力をしています。例えば教員による高校訪問もそのひとつです。大学での講義や研究の合間を縫って、近隣の高校はもちろんのこと、隣接県の高校の進路指導の先生をお訪ねし、自らの大学を PR して歩きます。また最近では、どこの大学でも出前講義（出張講義等、大学により名称はさまざ

ま）なるサービスをほぼ無償で提供しています。高校からの要請によって，将来心理学を学びたいという高校生のために，「心理学とはいかなる学問か，将来どのような就職に結びつくのか」といった内容をまじえながら，高校生に面白いと感じてもらえるような心理学の話題を提供し，大学の存在を直接知ってもらいます。

さてそのような努力が実って（？）入学してきた学生たちに接していると，最近さまざまなことに気づきます。まずは全般的な学力の低下です。心理統計法を教えていると，分数の計算ができない学生やら「パーセント」の意味がわからない学生が増えていることに気づきます。もっとも，分数のできない大学生が全国的に増加していることはすでに10年以上も前から指摘されています。これについてはどうやらアメリカも同様なようで，最近出版されたある統計の教科書では，「パーセント」の意味，小数をパーセントに変換する方法，逆にパーセントを小数に変換する方法，さらには四捨五入の方法についての解説から始まっています。国語の学力低下についても指摘しなければならないでしょう。授業などで心理テストを実施すると，回答欄の空白があまりにも多い学生に時たま出くわします。その理由をたずねてみると，「漢字が読めない」「質問の意味がわからない」というのです。結果的に，「アンケートなどを作成する際には難しい漢字をできるだけ使用しないように」と卒業研究の学生に指導することになります。また学力の問題とは別に，中学や高校の時に不登校経験のある学生も増えてきたように感じます。そのような学生は「以前にカウンセラーのお世話になり，そんな仕事があることを知りました。だから自分もこれまでの経験を活かして同じような境遇の人たちを救いたいのです」と熱心に語ってくれます。「その心意気は大いによし，ただし自らも健康的な生活をしなければね」と助言します。総じて地方中小大学の教員は，研究時間以外の学生指導に費やす時間が長くなるように思われます。

さて，みなさんの身近にあり，かつ心理学を学べる地方中小大学を知るにはどのような方法があるでしょうか。まずは高校の進路指導の先生にお尋ねするのが一番の近道です。また最近ではインターネットが普及していますから，「心理学　大学　〇〇県」といったキーワードで検索すれば，あなたの身近にある大学のホームページに行き着くはずです。ホームページには，その大学が開催するオープンキャンパス情報が必ず掲載されています。最近では，1年間に複数回のオープンキャンパスを開催する大学も珍しくありません。オープンキャンパスでは，その大学の入試制度や授業料，あるいは大学生活全般についての説明のほかに，教員による模擬講義，その大学で実際に学んでいる学生たちとの交流会などが企画されています。ですから実際に自らの肌でその大学の雰囲気を感じることができます。可能であれば複数大学のオープンキャンパスに出かけてみて，実際に自分の肌に合う大学を見つけてもらいたいと思います。

最近，入学者数の減少に伴い「面倒見の良い少人数教育」を標榜する地方中小大学が増えてきました。学力は少々不足気味でも，将来の夢をしっかりと抱いている人は，こぢんまりとした身近な地方大学で，ゆっくり・じっくり自らを鍛えるのも選択肢のひとつです。私たち教員は，全力でそのような学生たちを支援します。私たちにとって，入学してきたすべての学生が，やがて笑顔で大学を卒業して行くことがこの上ない喜びなのですから。

Chapter 2
心理の仕事

志和資朗・古満伊里

 心理の仕事

　大学のオープンキャンパスや出張講義などで高校生から，「スクールカウンセラーになりたい」「カウンセラーになりたい」という話をよくききます。心理の仕事に興味をもってくれるのはうれしいことですし，ぜひ心理に関する仕事に就いて欲しいと願っています。実際，阪神淡路大震災の後，さらには東日本大震災の後，心理相談の必要性が叫ばれています。こうした被災者のケアはもちろん，事件に巻き込まれ犯罪被害に遭われた方やその家族のケア，虐待を受けた子どもや親のケア，いじめ被害者と加害者のケア，労働者のメンタルヘルスなど，こころのケアを必要とする事案はたくさんあります。

　ところで，みなさんはこれまで心理カウンセラーに会ったことがありますか？　もっといえば，心理カウンセラーと話をしてその対価としてお金を支払ったことがありますか？　心理相談はだいたい1コマ45分から60分くらいで行われますが，1コマいくらなら支払ってもよいと思いますか？　何がいいたいかというと，心理相談の必要性はよく説かれるのですが，現実には実態が伴っていない状況にあるということです。つまり，心理カウンセリングの仕事をしたくても心理カウンセラーが働ける場所は極めて限定されている状況にあります。もう1つ，先ほど問いかけたとおり，「儲けにならない」心理カウンセラーの仕事が仕事として成立するのかどうかです。例えば，ある程度利益をあげなければならない私立の医院やクリニックでは，儲けにならない心理カウンセラーを配置することは困難

です。規模の大きな私立の精神科病院には心理カウンセラーが雇用されているところがありますが，業務が心理専門の仕事に限らなかったり，給与面などの待遇がよくなかったりということも少なからずあります。別の例として，「スクールカウンセラー」という心理の仕事は，学校臨床においてとても大切な役割を担っています。しかし，スクールカウンセラーは文部科学省の予算措置によって行われている単年度契約の非常勤職です。したがって，スクールカウンセラーだけで生計を立てるということは困難だといえます。このように心理の仕事の現状をお伝えすると，心理の仕事を目指しているみなさんに対して夢と希望を削ぐような話になってしまいます。しかし，心理の国家資格が法制化され，心理の仕事が法的に認められるようになると，心理の仕事の状況は少しずつ変わってくると思います。

　それでは，国家資格がない現在の状況（☞注1：32頁）で心理の仕事に就くためにはどうすればよいのでしょうか　結論からいえば，国や地方の公務員系の心理職を目指すのが最も現実的です。非常に狭き門ですが，採用されれば心理の専門の仕事に従事することができます。以下に主な心理の仕事についてご紹介しますが，その多くが公務員系の仕事であることがわかると思います。臨床に関わる心理の仕事は大きく6つの領域に分けることができます。以下でこの6つの領域それぞれの対象，職場，仕事の内容とその領域の仕事に就くために必要な資格などについて述べていきます。なお，以下の6つの領域は一般社団法人「臨床心理士会」の分類に基づいています。

1 福祉領域の仕事に就くために

表 2-1 福祉領域の仕事

福祉領域

〈対象〉	・乳幼児 ・児童〜中高校生 ・高齢者 ・心身に障害がある人
〈仕事〉	子育て支援，子どもの発達相談
	虐待や DV 相談とその対応
	身体障害・精神障害をもつ子どもへの療育相談や大人への相談支援
	①心理判定：クライエントの状態を探り，どのような措置が必要なのか検討する
	②カウンセリング：問題の解決の援助
	③訓練指導：社会適応・社会復帰を目指した援助・指導
〈職場〉	児童相談所，子ども家庭センター
	児童養護施設，乳児院
	知的障害者更正施設（更生相談所）
	情緒障害児（者）更正施設
	身体障害児（者）福祉センター
	高齢者総合センター
	障害者職業カウンセリングセンター
	男女共同参画センター（女性相談センター）など

　福祉領域の仕事に就くのに必要な公的な資格は現在のところありません。この領域の仕事に就くためには，都道府県や市町村などの地方公務員採用試験に合格する必要があります。独立地方行政法人や地方自治体の外郭団体としての採用試験が行われる場合もあります。いずれの場合も，心理専門職で採用されることが望ましいですが，一般行政職で入職した後，心理関係部署に配置転換される可能性もあります。

2 保健医療領域の仕事に就くために

表 2-2 保健医療領域の仕事

保健医療領域

〈対象〉	・乳幼児期から老年期
	・身体障害，精神障害，発達障害，適応障害などで社会生活に支障をきたしている人
〈仕事〉	医学的な治療が必要な人に対して心理面で援助や臨床心理学的な介入
	精神障害の治療や社会復帰への支援
	身体的な疾病患者，乳幼児や高齢者とその家族などに対する心理的援助やコンサルテーション（相談）
	① インテーク面接（受理面接）
	② 心理査定（アセスメント）
	③ 心理面接（心理療法，カウンセリング）
〈職場〉	精神科病院（単科）
	総合病院，一般病院，老人病院
	クリニック，診療所，医院
	精神科以外の診療科（小児科や産科婦人科など）
	リハビリテーションセンター
	精神保健福祉センター・保健センター
	HIV カウンセラー（派遣）など

　保健医療領域の仕事に就くのに必要な公的な資格は現在のところありません。最近は「臨床心理士」の資格をもっていることを応募の条件とする医療機関が増えてきています。公務員系の保健医療機関の仕事に就くためには，都道府県や市町村の公務員採用試験に合格する必要があります。独立地方行政法人や地方自治体の外郭団体としての採用試験が行われる場合もあります。

3 教育領域の仕事に就くために

表 2-3 教育領域の仕事

教育領域	
〈対象〉	・幼児，児童，生徒とその保護者 ・学校の教職員
〈仕事〉	幼児期から青年期にかけての発達・学習・教育・生活面での援助
	保護者や学校の教職員に対するコンサルテーション（相談）
	関連諸機関（児童相談所，教育センター，病院，家庭裁判所，ハローワークなど）との連携
	① 学業相談：学業不振，不登校，登校拒否，学習意欲喪失などへの相談と対応
	② 進路相談：進学・就職の悩みについて相談と対応
	③ 適応相談：行為上の問題への相談と対応，人格上の問題への相談と対応
〈職場〉	スクールカウンセラー
	教育委員会
	教育センター
	教育相談室
	学校内の心理教育相談室
	学生相談室など

　教育領域の仕事に就くのに必要な公的な資格は現在のところありません。ただし，スクールカウンセラーになるためには，「臨床心理士」などの資格が必要です。基本的に都道府県や市町村の地方公務員採用試験に合格する必要があります。もちろん，小学校・中学校・高校の教諭や養護教諭になるという方法もあります。

4 大学・研究所領域の仕事に就くために

表 2-4 大学・研究所領域の仕事

大学・研究所領域

〈対象〉	・専門学校の学生 ・短大生 ・大学生 ・大学院生
〈仕事〉	心理学教育や研究，養成
	発達・学習・教育・進路・生活面での援助
	青年期特有の発達的課題あるいは精神的課題に対して援助
	① 心理学に関する専門教育（大学教員）
	② 学生相談（大学の学生相談室）
	③ 臨床心理センターでの学生への心理相談実習や学外者への心理相談
	④ 各種研究機関・研究所における心理学的研究
〈職場〉	専門学校・短大・大学等（主に教育研究に従事）
	専門学校・短大・大学等（主に相談に従事）
	大学に附属する臨床心理センター
	研究所・研究機関など

　大学・研究所領域の仕事に就くのに必要な公的な資格は現在のところありません。大学院の博士課程を修了して，大学教員になるのも1つです。学生相談室のカウンセラーになるためには，「臨床心理士」あるいは「大学カウンセラー」の資格を求められることがあります。

5 司法・矯正・保護・警察領域の仕事に就くために

表 2-5 司法・矯正・保護・警察領域の仕事

司法・矯正・保護・警察領域

〈対象〉	・幼児 ・児童から成人一般 ・非行少年[1]，虞犯(ぐはん)[2]少年とその家族，関係機関（学校関係者など） ・成人犯罪者 ・犯罪被害者とその家族
〈仕事〉	非行少年や犯罪者の調査・面接・観察・保護・矯正・更正・社会復帰支援 ① 家庭裁判所（家庭裁判所調査官） ② 少年鑑別所（鑑別技官：矯正心理専門職） ③ 少年院（法務教官），少年刑務所・刑務所（分類技官） ④ 児童自立支援施設（児童自立支援専門員） ⑤ 保護観察所（保護観察官） ⑥ 警察領域（科学捜査研究所，犯罪被害相談室，少年育成官など）
〈職場〉	家庭裁判所 少年鑑別所 少年院，少年刑務所，刑務所 児童自立支援施設（旧教護院） 保護観察所 警察関係など

※1)「少年」は，少年法の法律用語で，男女の別なく20歳未満の者のこと
※2)「虞犯」とは，将来，罪を犯し，又は刑罰法令に触れる行為をするおそれのあること

基本的に国家公務員や地方公務員の仕事です。したがって，この領域の仕事に就くためには，公務員採用試験に合格する必要があります。採用後は，例えば家庭裁判所調査官や鑑別技官などの任用資格を得て仕事をします。

6 労働・産業・企業領域の仕事に就くために

表2-6 労働・産業・企業領域の仕事

労働・産業・企業領域

〈対象〉	・企業に勤務する労働者とその家族
〈仕事〉	労働者のメンタルヘルス・マネジメント
	面接や職場内へのコンサルテーションなどの心理的援助
	就業の相談では，職業への適性を調査
	① メンタルヘルス対策・援助
	② キャリア開発への援助
	③ 職場における人間関係に対する援助
〈職場〉	公立職業安定所（ハローワーク）
	障害者職業センター
	企業内健康管理センター
	企業内相談室など

　一般企業に心理職としての仕事に就くのに必要な公的な資格は現在のところありません。「産業カウンセラー」の資格を有することが応募条件になることもあります。

■ 7　心理開業領域の仕事に就くために

表 2-7 心理開業領域の仕事

心理開業領域

〈対象〉	・幼児 ・小児から高齢者まで全般
〈仕事〉	開業者の得意とする心理技法により，特徴のある心理療法を行うことができます。
〈職場〉	心理相談業務として開業している設立者あるいは管理責任者の立場
	心理開業に心理職で勤務する立場

　心理開業する，あるいはそこに勤務するのに必要な公的な資格は現在のところありません。一般的に1～6の領域で心理業務に携わり，技術と見識を修得して心理開業していきます。心理に関する国家資格がない現時点では，誰でも心理開業をすることができてしまいます（☞注1：32頁）。したがって，心理開業された施設に勤務する場合には，心理専門の相談業務で研鑽を積んで開業された信頼できる施設なのか，心理相談の技術や技量を伴わない名ばかりの施設なのかを見極める必要があります。

 心理の資格

　日本ではここ数年，大学への進学率が50%前後で推移し，高校生の約2人に1人が大学に進学する時代になりました。さらに現在は「大学全入の時代」といわれ，大学の選り好みさえしなければ必ずどこかの大学に入学できるといわれています。もはや大学卒業という学歴だけでは勝負ができず，就職活動においては「あなたはいったい何ができるのか？」ということを厳しく問われる時代になったといえます。「あなたにできること」を端的に示してくれる証拠の1つがいわゆる「資格」です。不景気で就職状況が厳しくなると，とたんに資格・検定試験ブームが巻き起こるようです。最近では，大

学を卒業した後に専門学校に入学し，何らかの資格を取得するような学生も増えてきました。大学の教員としては少しばかり複雑な心境ですが，これも世の流れなのでしょう。

さて心理学関連の資格について見てみましょう。実際のところその数は非常に多く，しかもそれらの多くが「〇〇心理士」「〇〇カウンセラー」と名付けられているため，資格取得を目指す人やそれを応援する人たちは混乱してしまいます。資格取得が就職に直結すると考えている人はさらに戸惑うかもしれません。

結論からいえば，現在日本国内において取得可能な心理関係の資格は，そのいずれもが職業に直結する資格ではありません。逆にいうなら，心理関係の資格をもっていなくても，種々の職場で相談員やカウンセラーになることは可能なのです。というのも，心理関係の資格はいずれも業務独占資格ではありません。業務独占資格というのは，その資格がないと特定の業務を遂行することができない資格のことであり，無資格者が業務を遂行した場合には法律により罰せられるような資格をいいます。例えば医師や看護師，さらに弁護士といった人たちならびにその職業がこれに当てはまります。

ところが心理学分野にはそのような資格はありません。繰り返しになりますが，心理学関連の代表的な資格の1つである「臨床心理士」をとってみても，それは業務独占資格ではなく，その資格を取得したからといってただちに仕事に結びつくとは限らないのです。ただし，臨床心理士資格を取得していないにもかかわらず臨床心理士を名乗ることはできません。これを名称独占資格といいます。いずれにしても，心理学的知識を必要とする仕事の多くは，実際にその仕事をする上で資格をもつことが必須であるというわけではないのです。

以下に比較的よく知られた心理学関連の資格とその取得方法をあげておきます。もちろんここに掲載した以外にも心理学関係の学会や民間団体によって多くの資格が認定されています。興味がある人は「心理学」「資格」等のキーワードでインターネットを検索してみてください。きっとその数の多さに驚かれると思います。くれぐれ

も混乱しないように注意しましょう。

1 認定心理士

　社団法人日本心理学会が認定する資格であり，大学で心理学に関する最小限の基礎知識・基礎技能を修得したことを証明する心理学の基礎資格です。心理学関係の学部や学科で提供されるカリキュラムを修了することで取得可能です。

　認定心理士は既に4万人以上が認定されています。日本心理学会では認定心理士の有資格者を対象に研修会（公開シンポジウム等）の案内をしています。せっかく大学で心理学を学んだのですから，心理学とのお付き合いを一生のものとして，生涯学習に取り組んでいただければと思います。ただしこの資格は，あくまでも大学において心理学を専門的に勉強したことを証明してくれる資格であって，心理学に関連して何か特別なことができることを証明してくれる，いわゆる職能資格ではありません。

> 認定機関：社団法人日本心理学会（認定心理士資格認定委員会）
> 認定要件：各大学の学部・学科で指定してある一定の心理学関連科目を修得して卒業した後に，在学期間に取得した単位を認定単位の一覧表として作成し，基本的には個人で申請を行います。資格取得のための試験はなく，審査に合格すれば取得できます。多くの大学では卒業時に申請のためのガイダンスを開催し，大学として一括申請を行いますので，手続きもそれほど面倒ではありません。

　ところで，認定心理士資格は就職とは直結しないことを先に述べました。ところが最近では，就職の際に認定心理士資格保有者を条件とする児童養護施設等も増えてきました。また，筆者のもとを卒業した学生で，認定心理士であるがゆえにその企業の保健管理部門に配置され，本人はとても満足しているという例があります。やは

り，大学で心理学を専門的に勉強したのであれば，認定心理士資格はもっていたほうがよいのではないでしょうか。

■ 2 臨床心理士

現在までのところ，医療や教育の現場でカウンセリングや心理療法に携わろうと思っている人にとって最も関心の高い資格でしょう。現在，臨床心理士は28,000名以上が認定され，多くの人が臨床現場で活躍しています。最近の「臨床心理士の動向調査」によると，臨床心理士が働く分野としては保健医療領域（42%）が最も多く，次いで教育領域（36%），大学・研究所領域（25%）となっています。具体的には，保健医療領域では病院やクリニック，教育領域ではスクールカウンセラーに従事している割合が高くなっています。司法・矯正・保護・警察領域や福祉領域の従事者が少ないのは，第1節でも述べたとおり，多くの場合公務員採用試験に合格することが必要であり，必ずしも臨床心理士の資格が必須ではないからといえます。とはいえ，臨床心理士の資格をもってさらに公務員心理職に採用されれば，臨床心理士のネットワークや研修を使いながら，心理専門の仕事に従事できるというメリットがあります。

臨床心理士には以下の技能が求められます。

1 来談者がかかえている悩みや問題，障害の程度などについて心理検査や心理面接などによって評価できること
2 心理療法や心理カウンセリングによって，来談者がかかえている問題の克服や障害の乗り越えについて対応できること
3 地域のこころの援助活動について，関係者との調整や関係機関との連携ができること
4 用いる心理技法や査定などについての研究や調査を行うなど自己研鑽をすること

認定機関：公益財団法人 日本臨床心理士資格認定協会
認定要件：先の認定協会が指定する臨床心理士指定大学院の臨床心理学系専攻修士課程を修了すること，あるいは文部科学省から認証を受けた臨床心理士養成のための大学院専門職学位課程（いわゆる専門職大学院）を修了することによって，毎年1回実施される資格審査試験の受験資格が得られます。その後，この資格審査試験に合格することで「臨床心理士」として認定されます。なお，試験は1次試験（多肢選択方式試験および論文記述試験の2種類）と2次試験（口述面接試験）に分かれており，1次試験の合格者のみが2次試験に進めます。試験の合格率は毎年60％前後といわれており，大学院での単位修得に加え，しっかりとした受験対策が必要です。なお，臨床心理士は5年ごとの資格更新制度が義務づけられており，その間に臨床心理士資格認定協会や臨床心理士会が主催する研修会への参加や認定協会が認定した学会や研究会が主催するワークショップなどへの参加，認定協会が認定した学術会議への参加や研究成果の発表などが必要です。

ところで先の臨床心理系の大学院への進学要件としては，特に心理学関係の学部・学科を卒業している必要はありません。各大学院の入学試験に合格すればよいのです。ただし，入学試験の問題はいずれも心理学の知識を問うものであり，学部で基礎系の心理学を幅広く学んでおくことをお勧めします。

なお，「学校心理士」（社団法人 学校心理士認定運営機構）や「臨床発達心理士」（社団法人 臨床発達心理士認定運営機構）といった，大学院課程の修了を一部要件とする民間資格もありますが，今のところ臨床心理士ほどには知名度は高くありません。

3 産業カウンセラー

カウンセラー資格としては日本で最も古く，1960年に創設された「日本産業カウンセラー協会」が1971年に最初の試験を実施して以来，現在では約28,000人の産業カウンセラーが同協会に登録しているそうです。一時期（1992年〜2001年），旧労働省が所管する公的資格の時期もありましたが，現在ではその他の心理系の資格と同様に民間資格となっています。さまざまな職場において，働く人たちの精神的健康を支援し，さらに人間関係やキャリア開発の援助を行います。この資格を取得するためには，後述のように必ずしも心理系の大学を卒業する必要はなく，日本産業カウンセラー協会が実施する約7ヶ月間の産業カウンセラー養成講座を受講することによってもその受験資格を得ることができます。また同様の講座が通信制によっても実施されています。したがって，比較的知名度の高い資格であり，実際に仕事をしながらこの資格を目指して勉強に励んでいる人も数多くいます。ただし，この資格をもっているからといって，企業内でカウンセラーとしての職が保証されるものではありません。

認定機関：一般社団法人　日本産業カウンセラー協会
認定要件：次の要件のうちのひとつを満たすことで，毎年1回実施される資格審査試験の受験資格が得られます。
1 4年制大学学部および大学院研究科において，心理学または心理学隣接諸科学，人間科学，人間関係学のいずれかの名称を冠する学部または専攻・課程を卒業・修了した者で，日本産業カウンセラー協会が指定した科目（臨床心理学，カウンセリング，人格心理学，産業心理学等）を取得すること（学部卒業者は協会が行う産業カウンセリングの技能を修得するための講座を修了する必要がある）。
2 成年に達した者で，産業カウンセラー養成講座等を修了すること。

なお，資格試験は筆記試験と実技試験に分かれており，その両方に合格することが必要です。また産業カウンセラーの上位資格として「シニア産業カウンセラー」資格があり，心理系大学院において協会が指定する科目を修得して修了するか，産業カウンセラー試験合格後3年が経過し，かつ協会が指定した講座を修了していることが必要となります。

4 心理学検定

日本の心理学関連の50学会が集まって作られた「日本心理学諸学会連合」認定の検定試験であり，大学で学ぶ心理学の専門知識・能力を測る検定試験です。数多くある心理学関連資格の基礎資格として2008年から実施されています。受検資格はなく，誰でも受検可能です。

試験は心理学の10科目（A領域5，B領域5）について行われ，A領域の5科目，B領域の5科目の10科目すべてに合格すると「特1級」が，A領域の4科目を含む合計6科目に合格すると「1級」が，A領域の2科目を含む合計3科目に合格すると「2級」が取得できます。

> A領域：原理・研究法・歴史／学習・認知・知覚／発達・教育／社会・感情・性格／臨床・障害
> B領域：神経・生理／統計・測定・評価／産業・組織／健康・福祉／犯罪・非行

なお，「認定心理士」の資格所有者は，優遇措置として，3領域に合格すれば，「心理学検定1級」が取得できます。

既に，学科カリキュラムの中で心理学検定の受検を義務づけ，資格取得者には単位を認定する大学や資格取得者に対する表彰制度を設けている大学もあります。さらに心理学検定1級以上の合格者に対し，大学院の入試で心理学の一部専門科目を免除する大学もあります。せっかく大学で心理学を学ぶ（学んでいる）のであれば，ぜひともこの検定試験にチャレンジし，自分自身の実力を確認しな

がらさらなる勉学に役立てて欲しいと思います。

■ 5　公認心理師法案

最後になりますが，心理職の国家資格化を目指し，2014年6月に「公認心理師法案」が衆議院に提出されました。この法案では，「心理支援を必要とする人（対象者）の心理状態の観察と分析」「対象者との心理相談による助言と指導」「対象者の関係者との心理相談による助言と指導」「心の健康に関する知識普及のための教育と情報提供」という4つの行為を公認心理師による心理行為と定めていました。またその資格試験については，文部科学大臣および厚生労働大臣が行うとなっていました。残念ながら年末の衆議院解散によってこの法案は廃案になりましたが，近い将来には心理職の国家資格化が実現すると思われます。その際，既存の「臨床心理士」資格をどのように扱うかといったような問題が残されているのですが，臨床現場で心理学の知識を活かしたいと思い続けている人にとっては画期的な出来事になると思われます。

---

1) 本書の第一刷を出版した直後の2015年9月9日に「公認心理師法」が国会で成立し，同9月16日に公布，2017年9月15日に施行され，多くの人にとって待望であった心理職国家資格が誕生した。また2018年9月9日には，早くも第1回公認心理師試験が実施された。国民の心の健康の保持増進が日本にとっていかに喫緊の課題であるかを物語る成り行きといえる。この公認心理師資格は臨床心理士と同様に名称独占資格である。したがってこの資格を取得したからといって，ただちに特定の心理専門職に結びつくわけではない。しかしながら今後，保健医療，福祉，教育，司法（矯正教育・家庭裁判所），さらには企業内において，心理アセスメントやカウンセリング等の心理支援を行なっていくためには重要な資格となっていくことが予想される。なお公認心理師資格は既存の臨床心理士資格にとって代わるものではなく，両資格は共存していくことも予想されている。臨床心理士には長年の活動を通して培ってきた社会的な信用と実績がある。特に学校教育現場におけるスクールカウンセラーとしての貢献は大きく，今後も臨床心理士に対する期待は継続するだろう。なお公認心理師の受験資格は，①大学・大学院の両方で公認心理師のために定められたカリキュラムを履修し修了した者，あるいは，②大学で必要な科目を履修し，その後一定期間，一定施設で実務に従事した者，となっており，現在多くの大学・大学院が公認心理師となるためのカリキュラムを整備しているところである。

コラム③　企業の心理学者って何をしているの？

松田昌史

　私は日本電信電話株式会社（NTT）に勤めています。NTTは通信事業を営む企業です。ですから，最も重要な研究開発分野は通信技術です。古くは電信線を用いた通信である電話が主でしたが，今日では光ファイバを利用した高速・大容量通信技術や，電波を使用していつでもどこでも利用できる携帯電話やスマートフォンの技術開発に力を入れています。極端な言い方をすれば，NTTは理工学系技術者の巣窟です。

　しかし，そのような企業にも心理学者はいます。その理由は簡単です。電話やインターネットを利用するのは必ず人間だからです。いくら立派な通信設備を作っても，利用者が満足しなければ役に立ちません。どのようなサービスを提供すれば人々を満足させ，豊かで幸福な社会を実現させることができるのか。その問題にアプローチするためには心理学が不可欠なのです。

　例えば，人の聴覚に関する知覚心理学が古くから電話に応用されています。人は20-20,000Hzの振動を音として感じます。これらすべての周波数帯を伝えなければ完全な音を再現できません。しかし，周波数帯を増やすほど，大量の情報伝送が必要になります。電信線や光ファイバ，無線電波が一度に送ることのできる情報は有限です。ですから，1利用者あたりの情報量を増やすと，同時に利用できる人の数が減ってしまい非効率になります。そこで，周波数帯を削減して余裕をもうければ，その分だけ同時利用者数を増やすことができます。同時に使用できる人の数が増えれば利便性が高まりますし，NTTにとっても設備投資を節約することでコスト削減と収益の増加が期待できます。

　実は，人の声は200-4,000Hzの範囲に収まります。それ以外の部分は楽器などの人工物，自然界の雑音などが発するものです。ですから，相手と会話するだけならば，必要な周波数帯は限られます。そのため，一般的な電話では300-3,400Hzの音だけが伝わるように設計されています。ちなみに，電話では人の声の周波数帯の一部もカットしているため，相手の声は少し違って聞こえます。この問題を解決するために，近年では大容量の光ファイバを使用し100-7,000Hzまでをカバーした高品質電話も提供されています。

　30年ほど前までの電話機は機能が単純で，使い方も統一されていました。しかし，今日ではさまざまな形態や機能をもつ電話機やスマートフォンが普及しています。電話機だけではなく，パソコンやゲーム機などもインターネットに接続され，通信機器が多様化しました。使い方や利用目的はさまざまとなり，取扱説明書も難しくなりました。ネット利用でトラブルに巻き込まれるケースなども増加しています。

　これからは，人々が安全かつ簡単に利用できる環境の整備が望まれています。そのため，通信機器利用時の行動観察実験や読みやすい説明書の考案，通信機器を自然な会話で操作する方法の開発，自動翻訳や仮想現実を応用した会話支援などが進められています。これらの研究開発には心理学の知見や研究手法が大いに役立っています。

コラム④　精神科，心療内科，神経内科，心理療法室の関係は？

志和資朗

病院や医院，クリニックでは，どのような病気を診療するかによって，診療科を標榜（ひょうぼう）します。みなさんがこころの病気やこころの変調を取り扱う診療科として思いつくのは，精神科（精神神経科），心療内科，神経内科と心理療法室ではないでしょうか。

その「精神科，心療内科，神経内科」という診療科と「心理療法室」の大きな違いは，それを担当する者が医師であるかそうでないかです。つまり，心理療法室を担当する者（以下，心理士）は医師ではありませんので，診断をしたり病名をつけたりすることができません。もちろん医学的な治療（薬物療法）はできません。表c4-1に各科の特徴を示します。

精神科（精神神経科）はこころの病気が専門で，脳の機能的な異常による疾患を対象とします。治療としては，向精神薬や抗不安薬などの薬物療法と精神科医が行う心理療法（いわゆる精神療法）が行われます。心療内科は，主に心理的社会的要因によって発症した身体症状（心身症などのストレス関連性疾患）を対象とします。総合病院では精神科と心療内科は明確に分かれています。医院やクリニックでは精神科と標榜すると患者さんが敬遠することもあるため心療内科も標榜することもあります。うつ病や統合失調症のように精神症状が主訴の場合には，精神科クリニックを受診するといいでしょう。一方，身体症状が主訴（患者が訴える症状のうち主要なもの）の場合には，内科も標榜している心療内科で内科的な診断を受けるのがいいでしょう。

神経内科は脳や脊髄，神経や筋肉の器質的な異常による疾患を対象とします。神経内科で診断をして，薬物療法が可能であれば薬物療法を行います。手術が必要な場合は脳神経外科に紹介して外科的な治療を行います。心理療法室は独立した診療科ではなく，主に精神科や心療内科に所属しています。現行の医師法上では，心理士は「医師の指示のもと」で表c4-1にある心理療法の一部を担当します。また，精神科や心療内科に限らず，他の診療科（小児科や産科婦人科など）の患者さんも病気によって大きな不安やストレスをかかえることがあります。心理士はそうした診療科と連携（リエゾン）して，患者さんの不安やストレスの軽減を目的に心理療法を行うこともあります。

表 c4-1 各診療科の特徴

診療科	対象(担当者)	主な対象疾患	処置
精神科	こころの病気（精神科医）	・主に精神症状（身体症状を伴うこともある） 気分障害（躁うつ病，うつ病），統合失調症，心的外傷後ストレス障害（PTSD）など	向精神薬や抗不安薬などの薬物療法＋精神療法
心療内科	こころとからだの病気（内科医）	・主に身体症状（背景に心理社会的要因） 胃潰瘍，過敏性腸症候群，本態性高血圧，ぜんそく，パニック障害，摂食障害など	内科薬物療法＋抗不安薬を中心とした薬物療法＋精神療法
神経内科	脳と神経，筋の病気（神経科医）	・精神症状＋身体症状 脳血管障害（脳梗塞，脳出血），神経疾患，筋疾患，認知症，パーキンソン病など	神経科薬物療法→手術が必要な場合は「脳神経外科」で手術
心理療法	こころの問題や生活上の問題（心理士）	・認知，記憶，思考，行動の問題や障害 小人から大人まで成長発達に関する障害や社会生活に支障をきたすような反応や行動	心理査定（心理アセスメント）＋心理療法

コラム⑤　カウンセラーになりたい

田山　淳

　「カウンセラーになりたい」というフレーズをよく耳にします。カウンセラーになりたい人に伝えたいことは、いくつもあります。その中でもとても重要なことが、①資格、②学びの場、③将来展望についての3点です。

　まずは、①の資格についてです。カウンセリング関連の資格は数多くあります。デパートの化粧品コーナーにいるコスメカウンセラーもれっきとしたカウンセラーです。病院でメンタルヘルス不良の患者さんに対応する臨床心理士もカウンセラーです。心理カウンセラーに関する資格で国家資格化されているものは現在（2014年9月時点）のところありません。現在の心理カウンセラーに関する資格は、大まかに分けて大学や公的機関で取得できる資格と民間資格の2種類が存在するということを、知っておくとよいでしょう。後者の民間資格についてもう少し詳しく説明すると、内閣府の特別機関である日本学術会議が認定している民間資格と、指定を受けていない団体（非公的学会）の資格の2つに分けられます。現状では、大学や公的機関で心理カウンセラーの資格を取得して、カウンセラーという職種を選択するというのが心理カウンセラーになるための王道です。

　次に②の学びの場についてです。大学や公的機関で心理カウンセラーの資格を取得する場合、学びの場を自分で選択する必要があります。医師・看護師等の養成校では、カリキュラムがしっかりと決まっていて、どの都道府県にある大学（看護専門学校）にいてもおおよそ同じ内容のカリキュラムですが、心理カウンセラーの養成校のカリキュラムは統一されていません。したがって、自分で情報収集を行い、その情報を踏まえて進路選択をする必要があります。

　③の将来展望についてです。私の周りの心理カウンセラーのことを改めてその職種の観点から見てみると、病院で勤務していたり、スクールカウンセラーをしていたり、大学の教員を兼ねていたり、児童相談所に勤務していたりと多種多様です。つまり、医療・教育・福祉、それら以外だと司法・産業等の分野において心理カウンセラーのニーズがあります。

　「カウンセラーになりたい」と思った直後にまずして欲しいことは、心理カウンセラーとしての将来展望をもつことです。将来心理カウンセラーとしてこのようなことがしたいという具体的な将来展望は、カウンセラーになろうとするモチベーションを大いに高めます。大学ではどのような先生からどのような心理学を学びたいか、資格として○○カウンセラーの資格を取得したいといった具体的な計画を立てることが大事です。あなたがなりたい心理カウンセラー像について、まずは想いを巡らせてみてください。

Chapter 3
社会人入学を考えているあなたへ

増田尚史

❶ はじめに

　筆者の勤務している大学の教授会において，「社会人の定義は何か？」について議論になったことがあります。入学試験のうちの1つである社会人入学試験の出願資格を検討していた時のことでした。考えてみれば，毎年，大学を卒業していく学生に「立派な社会人になってください」などの定型句を贈っています。この場合の「社会人」は「労働者」という意味でしょう。次には，「立派な」とは何かが問題になるかもしれませんが，「定職について所得税を払う」といったところでしょうか。もちろん，納税額の少ないパートタイマーやアルバイトが立派ではないというわけではありません。また，すでに定年退職したシニア世代の方も立派でないというわけではありませんし，社会人ではないというわけでもありません。今ではあまり見かけなくなりましたが「家事手伝い」の方や，逆に最近よく話題になる「引きこもり」の方は，あまり社会人とはみなされないかもしれませんが，この方たちを正当な理由なく社会人入学試験の出願資格から排除してよいわけではありません。

　ともあれ，社会人の定義を考えるとなかなかに難しいものがあります。そこで，とりあえずは，定義がしやすい「学生・生徒」を考えて，そうではない者として「社会人」を規定するしかなさそうです。この場合でも，「学生・生徒」ではない乳幼児や，大学受験に失敗して，いわゆる浪人をしている方も「社会人」になってしまいます。そこで，筆者の勤める大学の学部の社会人入学試験では，出願資格に年齢制限を加えて，大雑把にいえば「高等学校を卒業した人

と同程度以上の学力がある22歳以上の者」ということになっています。これですと，4浪，5浪している方が社会人入学試験を受験することを許容することになりますが，そのような方が筆者の勤める大学を受験するはずがありませんので問題にはなりません。これで，正規労働者にも，非正規労働者にも，家事手伝いの方にも，引きこもりの方にも，シニア世代にも受験していただけるはずです。

ようやく当初の問題は解決した，と思いきや，「では，大学院の社会人入学試験の出願資格はどうするか？」という問題が次に待っていました。大学において学部の上に位置する大学院の一般的な入学試験の出願資格は，これまた大雑把にいえば，当然のことながら「大学等を卒業した人と同程度以上の学力がある者」です。では，これと区別して行われる社会人入学試験の出願資格はどうすればよいでしょうか？ 残念ながら筆者は，この問題に対して「一定以上の社会的経験を有する者」というような曖昧な答えしか持ち合わせておりません。

以上のことは何を意味するかといいますと，本章をご覧になっている社会人入学を考えている方にとって，ご自身の学歴や職歴，年齢，それにもちろん学問への関心のありようによって，大学で学修するための入り口は変わってくるということです。

以下では，まず，社会人をはじめ多様な方々の要望に応えるために大学が準備しているいくつかの制度を紹介したうえで，大学で心理学を学修したいと考えている社会人の方たちを，大学の入り口へご案内したいと思います。

❷ 社会人の受け入れに関わる制度

本節では，多くの大学において，高等学校の新卒者等を学部に受け入れるため，あるいは大学の新卒者等を大学院に受け入れるための一般的な入学試験（以下，一般入試）とは別に，社会人などの受け入れに関連して用意している制度を紹介します。ここで紹介する制度がすべてというわけではありませんし，それらをすべての

大学が用意しているわけではありません。さらに，"non-traditional student"（高校を卒業してすぐに大学に入らなかった学生）が一定の割合を占める欧米の大学とは異なり，日本の大学では社会人が学生となる事例が少ないために，入学後の社会人学生のための制度設計は不十分な点が多く，大学間での差異も大きいものがあります。したがって，詳細については志望先の大学のホームページ等で確認するか，直接大学に問い合わせてください。

1　社会人入学試験

　社会人入学試験（以下，社会人入試）とは，一般入試とは別に社会人用の特別枠として募集人員を設定して実施する入学試験のことです。学部と大学院のいずれでも社会人入試を実施している大学もありますが，いずれか一方でのみ実施している大学もあります。また，前節で触れましたように，「社会人」の定義が必ずしも明確ではなく，出願手続きの前に出願資格そのものについて審査することもありますので，事前に志願先の大学に照会するのがよいと思います。

　前述のように日本では社会人入試に対する需要は多くありませんので，募集人員は若干名というところが多いようです。試験では，一般入試と同様に個別の科目に関する学力試験を課したり，小論文や面接を用いた試験を行なったりする場合もあります。

　社会人入試を経て入学した方の多くは，昼間は働いていますので，一般入試による学生と同じ進度で学修することは難しいと予想されます。したがって，学部でいえば標準的な4年間（標準修業年限という）で卒業することは難しく，結果として授業料などの経済的負担が大きくなってしまいます。そこで大学によっては，あらかじめ修業年限を5～8年（学部）あるいは3～4年（大学院の博士前期課程あるいは修士課程）の中で申告させ，標準修業年限分の授業料を申告した年数で割った費用を，1年分の授業料として納付してもらう制度（長期履修制度）もあります。

■ 2　学士（編）入学制度

　学士（編）入学制度とは，すでに大学を卒業した人（学士）が，在学時の大学・学部とは異なる大学・学部に入学するためのものです。例えば，「工学部を卒業したけれども，心理学への関心が湧いてきたので，心理学部に入り直して一から学修したい」というような方のための制度です。試験では，社会人入試と同様に，個別の科目の学力試験や小論文を用いた試験を課したり，面接を行なったりする場合もあります。

　学士の方は，いわゆる一般教養の科目（第1章で説明した自由科目）についてはすでに履修しているはずですので，専門的な科目を集中的に履修して短期間で卒業できるように，2年次あるいは3年次への編入学とする大学が多いと思います。ただし，大学によっては自分の大学の卒業生にしか受験資格を与えないところもありますので，志願する際には注意が必要です。

■ 3　科目等履修生制度

　科目等履修生制度とは，高等学校を卒業した人と同程度以上の学力がある人（大学院については，大学を卒業した人と同程度以上の学力がある人）が，大学（あるいは大学院）の授業を個別の科目ごとに履修できる制度です。試験というものはなく，履修希望理由書などの審査を受けて，許可されることになります。履修し，学期末試験等に合格して単位を修得した科目については，その旨の証明書が発行されます。単位とは1科目ごとに決められた数値であり，通常，15週の講義・演習系の科目で2単位，実習系の科目で1単位を修得できます。ちなみに，大学を卒業するためには，正規の学生として最低でも124単位を修得する必要があります。

　科目等履修生は，正規に入学を許可された学生ではありませんので，たとえ多くの単位を修得しても大学を卒業（あるいは大学院を修了）したことにはなりません。1科目ごとあるいは1単位ごとに規定の履修料を納めるのが一般的ですが，大学や学部によって金額

に大きな差がありますので，十分に検討してください。

❸ 心理学を学修したい社会人の方へ

　第1節で触れたように，社会人の方にとって，ご自身の学歴，現在の生活環境，心理学という学問への関心のありようによって，心理学を学修するためにどのような形で大学に在籍するのがよいかは変わってきます。図3-1は，どのような社会人の方がどのようなルートで大学に在籍するのが妥当かを，筆者なりに大雑把に示したものです。以下では，この図にしたがって順に説明したいと思います。

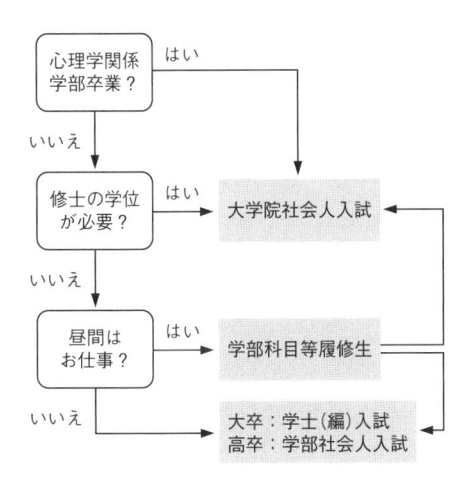

図 3-1 社会人が大学で心理学を学修するための入り口

■ 1　心理学関係学部卒業者あるいは修士の学位を必要とする方

　心理学関係学部卒業者とは，心理学部などの心理学に関係する学部・学科をすでに卒業した方です。具体的には，大学生時代に，心理学研究法や心理学統計法，心理学実習などの科目を履修し，実験，調査，面接，検査のいずれかの方法でデータを取り，分析をしたこ

とがあるような方です。このような方で，一定以上の社会人経験があり，心理学についてさらに学修したい方は，迷うことなく大学院の社会人入試に出願してください。

　一方，修士の学位を必要とする方とは，たとえ大学生時代に心理学を専門的に学修したわけではなくても，現在の職業上，修士の学位を必要とする方です。典型的には，中学校や高等学校の教諭をしていて，専修免許状を取得することを目指されているような方です。このような方も大学院の社会人入試に出願してください。

　以上のような方の多くは，仕事や家庭の関係で，現在居住している地域の大学への通学を前提にすると思います。したがって，大学の新卒者が大学院に進学する場合とは異なる注意点として，次の2点があります。

　1点目は，新卒者であっても，自分が研究したいテーマに近い研究をしている大学教員を探すことが最も重要なのですが，社会人の場合には，自身が居住している地域の大学の中で，そのような教員を見つける必要があることです。日本では，心理学を専門とする大学教員は，伝統的には文学部（文学研究科）や教育学部（教育学研究科）に所属してきましたが，近年では，心理学部，人間科学部，子ども発達学部などなど，さまざまな名称の学部・研究科に所属するようになりました（☞第1章）。しかも，1つの大学の中にこれら複数の学部・研究科が並存している場合もありますので，ていねいに調べてください。

　2点目は，働きながらの通学を前提とする場合には，授業を夜間や休日に開講するような柔軟な教育をしてもらえるかを，出願前に十分に確認することです。教員の多くは社会人のこのような要望に対応したいと考えていますが，一般の大学院生たちに夜間や休日に履修させることが難しい場合もありますし，さりとて同じ授業を昼間と夜間に2度開講することには，時間の面からも教育効果の面からも逡巡します。授業に関するこのような調整は，入学試験が終了して，一般の大学院生や他の社会人大学院生のメンバーが確定しな

ればできないだろうと思うかもしれませんが，教員は個人としても集団としても翌年度の授業についてかなり早い段階から準備しています。また，授業時間に関する柔軟性は，大学によってあるいは研究科・専攻によって大きく異なります。したがって，出願を考慮する対象となった研究科・専攻の教員には，なるべく早めに相談することが望ましいと思います。

　もう1点，大学生時代に心理学を専門的に学修した経験のない方には，学部での心理学の授業を聴講するように指導教員が求めることがあるかもしれませんので，注意してください。心理学に限らず，学問は基礎から1つずつ積み上げていくものですから，このような指導は当然といえば当然ですが，社会人大学院生にとっては，時間管理がいっそう重要になります。

　実をいえば，社会人の大学院生は，次の2つの理由から大学教員にとってはとてもありがたい存在です。第一には，研究への動機づけが相対的に高いことが挙げられます。大学生時代に心理学を学修したのち，社会人としての経験を積むうちに再度心理学への関心が湧いてきた方や，小・中・高等学校で教鞭をとりながら，児童期や青年期に特徴的な行動や心のありよう，あるいは学習障がいや発達障がいに関心を寄せる教諭などは，明確な問題意識をもっています。したがって，研究テーマを絞り込みやすいですし，その動機づけの高さが見本となって，他の一般の大学院生への波及効果も大きいです。

　第二の理由は，就職の心配をしなくてもよいことにあります。現状では，心理学に限らず文科系の修士の学位を取得しても，就職に有利に働くことは少なく，むしろ厳しくなることさえあります。修士の学位を取得した後に，「誤って」博士後期課程にでも進学してしまおうものなら，一般の企業や公務員への就職はほとんど不可能になり，一方で大学などの教員になるにも非常に狭き門が待ち構えています。このような現状から，就職の心配をしなくてもよい社会人大学院生の存在は，教員の精神的負担を緩和してくれます。

■ 2　昼間の通学が不可能な方

「心理学を一から学修したい。でも，昼間に大学へ通学するのは難しい」という社会人の方は，学部の科目等履修生制度を利用するのがよいと思います。その際には，事前に担当教員に相談し，自分が通学可能な時間帯（夜間や休日）に開講してもらえるか，いずれの科目を履修するのがよいかなどについてアドバイスを受けるようにしてください。大学卒業と同程度以上の方にとっては，大学院の科目等履修生となる方が妥当のように思うかもしれませんが，第1項でも述べたように，学問は1つずつ積み上げていくものですから，学部における基礎的な科目から履修することを勧めます。

科目等履修生制度によって心理学関連科目のいくつかを履修した後に，さらに学修を続けたいという思いがある方は，次のステップとして，大学院あるいは学部の社会人入試を目指してください。同じ大学の正規の学部学生になった場合には，科目等履修生制度によって履修した単位が既修得単位として認められますので，履修生としての時間も無駄にはなりません。

■ 3　昼間の通学が可能な方

定年退職されたシニア世代の方や，パートタイムで働いている方などの多くは，一般的な学生と同様に，昼間に通学が可能と思います。このような方で，心理学について一から学修したいと思われる方は，大学卒業程度の方であれば，学部の学士（編）入試を，また高等学校卒業程度の方であれば学部の社会人入試を受験されるのがよいと思います。

一般の学生に混じって授業を受けるのには気後れする方もいるかと思いますが，若い学生にとっては，父母や祖父母世代の方が同じ教室で真摯に学修する姿を見るだけで，自らの学修の動機づけになります。さらに，一般の学生は大学を卒業して社会へ踏み出すことに不安をもっていますので，さまざまな社会経験を経てきた「同級生」からのアドバイスは貴重なものとなります。実のところ，この

点において，大学教員の多くはほとんど無力ですから。

■ 4 大学への通学が難しい方

　前項までは，大学へ直接足を運ぶことを前提に，図 3-1 に基づいて説明してきました。しかし，自宅から通える範囲に心理学を学べる大学が存在しないケースもあるでしょう。そのような場合には，いくつかの大学・大学院が設置している通信教育課程に入学するという方法があります。通信教育課程では，自宅でテレビ・ラジオ・インターネットなどを経由してほとんどの授業を受講し，一部の授業についてのみ，週末や夏季休暇などを使って大学や全国各地に設けられているサテライト・キャンパスに通い（スクーリングという），単位を修得し卒業（修了）することになります。大学によっては，標準修業年限を 5 年以上に設定していたり，科目等履修生や編入学の制度を設けていることもありますので，ご自身の状況に応じて選択してください。

■ 5　おわりに

　どのような形であれ，初めて大学で心理学を学修しはじめた社会人の方にとって，その心理学はそれまで漠然と思っていたものと大きく異なるかもしれません。一般的な大学生のほとんどが抱くのと同じように，「脳生理学や生物学が心と何の関連があるのか？」「統計学の勉強をさせられるとは思わなかった」「理系のように実習レポートの作成でこんなに忙しくなるとは思わなかった」などの感想をもたれるかもしれません。社会での経験が長い分だけ，マスメディアなどを通じて垂れ流されている偏った心理学のイメージを振り払うことが難しいかもしれませんが，だからこそ，そのようなイメージを払拭する上で，社会人として心理学を学修した方の存在は重要であると思います。

コラム⑥　社会人大学院生の生活

井川純一

　私は元々心理学系の学部を卒業していたのですが、卒業後は福祉系の資格をとって精神科病院で働いていました。大学院に進学した頃は、専門学校の教員をしていたのですが、心理学から離れて10年も経っていたこともあり、心理学の単純な用語の意味もわからないような状態でした。そんな私が社会人として大学院に進学しようと思ったきっかけは専門学校で教員をしていた同僚の一言でした。「井川先生、修士号を取れば出世できるかもしれませんぜ！」おおそうか、大学院を修了すれば出世できるのか……ということで軽い気持ちで一番近くの大学院を受験した次第です。

　実は、入学した当時は、できるだけ最小限の努力で修士課程を修了できればいいなあと思っていました。だって楽に出世したかったんだもん。ところが働きながら進学する社会人にとって、修士課程で学ぶ心理学は想像以上に難解な世界でした。現在完了形から見失っているのにもかかわらず英語の論文を読まざるを得なくなり、その頃の自分にとっては意味のわからない用語に支配された統計の勉強もせざるを得なくなり……そして、人前で話すのが苦手であるにもかかわらず学会で発表するといったことも本当に強いプレッシャーでした。仕事が終わった後、夕方から講義を受け、その内容を理解するために毎日深夜まで院生室で勉強して帰るのが日課で、最初の1年くらいはたいへんだった記憶があります。でも「心理学的なものの捉え方」が身に付き始めて、自分の知りたいことを研究の対象にするようになってから研究の世界にのめり込むようになり、気がつけば後期課程にまで進学してそちらが本業になってしまいました（出世もしないままに）。

　何にそんなにはまったのかって？これは心理学だけに当てはまることではないでしょうが、やはり一番楽しいのは、「誰も知らないことを知る」という感覚でしょうか。なんだか変な言い方ですが、どんなに穴だらけの実験・調査であったとしてもそのデータからわかることはその時点では世界中で自分しか知らないことです。その自分しか知らないことを、考えて分析して、発表して誰かに見てもらうことで、その誰かがまた新しいことを思いつくかもしれない。なんだかどこかにつながっている気がします。それまで、目の前の仕事や自分の世界の中だけで過ごしていた私にとってはとても魅力的なことでした。

　実生活では、さまざまなことを俯瞰して見ることができるようになったことも大きな変化です。私が働いていた医療機関や教育機関は「対人援助」の職場です。少なくともそこで働いているスタッフはクライエントに幸せになってほしいと考えているにもかかわらず結果的にうまくいかなくなったり、トラブルが起こったりすることも多々あります。そんな時に、昔はストレスがたまりましたが、「なんでこんなことがおきるのだろう？　調査してみよう！」って、ちょっと研究にのめり込みすぎでしょうか？

　社会人大学院を検討している方、勇

気をもって一歩踏み出しましょう！いくつになっても新しい視点を学ぶことはできると思います。（出世はできないかもしれませんが）間違いなく今見えている景色とは違うものが見えるはずです。

コラム⑦　モチベーション

大坊郁夫

　何事をするにつけ，それを成し遂げようとするモチベーション（意欲，動機づけ；目標に向かって努力し，その達成を目指そうとする意欲）は欠かせません。図c7-1は，当事者が一定の成果を得るために関与する要因，成果に至る過程を示しています。何かを行う過程のどの時期であれ，当事者のもっている特性や生活経験を踏まえて目標達成の行動は行われます。

　目標に密接にかかわる能力の程度とモチベーションは相乗効果をもちます。いくら能力が優れていても目標に向かうモチベーションが低ければ好ましい成果は得られません。また，意欲に溢れていても能力が低ければ，目標を達成するには時間が長くかかったり，また，満足した成果が得られないこともあります。それ故にこそ，モチベーションに作用する要因を考慮し，活用すべきなのです。

　外的要因としては，課題自体の難易度，過去に経験したことがあるか，新規なものか，ストレスの強い環境かどうか，関連する人々と親和的な関係か否か，どの程度の基本となる能力を

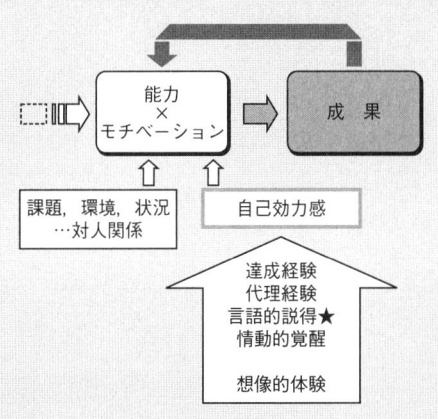

図 c7-1 目標を達成するためにためのプロセスとモチベーションを高める要因

もっているのかは前提要因となります。さらに，モチベーションには，当事者がどの程度の自己効力感（直面している課題を自分ならどのくらい実行できるかとの期待，自信）をもっているかが大きく作用します。

バンデューラは，自己効力感を左右する要因として，

(1) 達成体験（最も重要な要因で，自分自身が何かを達成したり，成功したりした経験），
(2) 代理経験（他人が何かを達成したり，成功することを観察すること），
(3) 言語的説得（自分に能力があることを言語的に説明されること，言語的な励まし），
(4) 生理的情緒的高揚（酒やその他の要因について気分が高揚すること）

を挙げています。この他に，想像することの効果が大きいとの指摘もあります（自分や比較対象となる他人の成功経験を想像すること）。

充実した成果を上げるためには，個人の努力だけでは不十分です。それは，モチベーションに大きく影響する自己効力感の内容によっても明らかです。他者と協調することは，その後の相互作用を促進し，理解を進めることになります。ただし，価値観の異なる者が多い場面において，初めから一致して行動することは困難を伴います。後続の関係を考えるならば，適切に相互に認知して，互いの特徴を把握すべきです。その際に，互いの意見のギャップに気づくことは多いでしょう。言い換えれば，僅かな落差，激しい説得し合いの応酬もあるでしょうが，その過程を経ることの方がより強固な紐帯が生じます。円滑な関係を持続したい，ギャップを解消したいというモチベーションは工夫を生み，努力の後の達成感，満足は大きくなりやすく，その過程はさらに持続することになります。

Chapter 4
心理学って何だろう？

中西大輔

　みなさんは心理学と聞いてどんなことを想像しますか？　心を病んだ人を援助するカウンセラーでしょうか。他人が何を考えているかを正確に読み取ることができる読心術師でしょうか。大学で学ぶ学問はたくさんありますが，心理学は高校までに体系的に学ぶ機会がないため，大学で学ぶ心理学について正確に理解している人は少ないでしょう。

　心理学を学ぶことのできる大学は1990年代以降大幅に増えました。心に興味をもつ人が増えたことは私たち心理学者にとってうれしいことですが，一方でイメージが先行して必ずしも心理学の本当の姿が理解されていないという問題意識を多くの心理学者が抱いています。いったい心理学とは何なのでしょうか。この章では，心理学とはどのような学問なのか，逆にいえば，心理学が「どのような学問でないのか」をみなさんにお伝えしたいと思います。

❶「心理学」ってどういう学問なの？

　心理学というのは，Psychology（サイコロジー）の日本語訳です。Psychologyというのは英語ですが，語源はギリシア語のPsychoとLogosです。Psychoというのは「心についての」という意味，Logosというのは「学問」です。したがって，心理学というのは，「心についての学問」という意味になります。

　学問というのは，必ずしも科学とは限りません。このことは誤解されている方が多いような気がします。例えば，文学や哲学は文系学問の王道ですが，科学ではありません。では科学とは何でしょう。

　実は「科学とは何か」ということを追究する科学哲学という分野

があります。「研究のための研究」みたいな感じでなんだかややこしいのですが、科学哲学はもちろん、哲学の仲間ですから、文系の学問です。科学哲学者のカール・ポパー (1902-1994) は、科学者が提唱した仮説が「反証可能である」ことを科学の重要な要件としていました。「反証可能である」というのは、誰でも「あなたの主張は間違えている」と反論する手段があるということです。例えばある実験を行なって結果が得られたとき、他の科学者が同じ方法を使って「あなたと同じ結果にならなかった」ということを示す手段があるということです。そのためには、どういう方法でどういう結果が得られたのかを論文にきちんと書いておかなくてはいけません。他の人が同じ実験を再現できなくてはいけないからです。同じ実験を再現してみて、同じ結果が得られるかどうかを確かめることを追試といいます。追試が可能であることが科学の要件としてはとても大事なことなのです。複数の研究者によって同じ方法で事実（実験や調査の結果）を確認すること、すなわち追試を行うことによって真実に一歩近づくことができるのです（図4-1）。

さて、それでは心理学はどうでしょう。心理学は科学でしょうか。この問題については第6章でより詳しく見ていきますのでここでは簡単に触れるだけにしましょう。心理学には科学とそうでないものが同居しています。

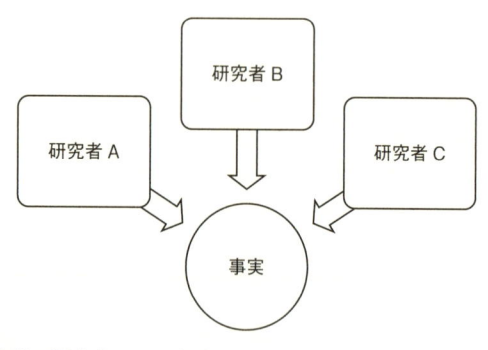

図 4-1 複数の研究者による追試

例えば、ある心理療法を不安で眠れないクライエントのAさんに対して行なったところ、不安が減ってちゃんと眠れるようになったとしましょう。心理療法を行う前と行なった後で症状によい変化があったわけですから、この心理療法は不安による不眠に対して「効果があった」といえます。ところが、他のクライエントに対してこの心理療法を行なっても効果があるかどうかはわかりません。Bさんには全く効かないかもしれないし、CさんにはAさん以上の効果があるかもしれません。そこでこの心理療法を誰にでも行えるように、マニュアルを整備し、たくさんの似たような症状のクライエントに対して行なって効果を測定します。これが科学的な心理学の考え方です。この療法を実施する前よりも実施した後で、平均してクライエントの症状がよくなったと第三者が評価できるのであれば、その療法には効果があったと考えます。では、なぜ第三者でなければならないのでしょう？

心理療法を行なっている専門家（精神科医や心理カウンセラー）は、当然その療法に効果があると信じているため、そういった信念が効果の測定に影響してしまう可能性があるからです。これを実験者効果といいます。つまり、「この療法には効果があるはずだ。だからクライエントはよくなっているはずだ」という予断が生じてしまいます。一方、クライエントの側にも同じことがいえます。「毎週クリニックに通って心理療法を受けているのだから、自分はよくなっているはずだ」という期待によって「自分はよくなっている」と思い込んでしまうかもしれません。「病は気から」という言葉があるように、もちろん、そういった思い込みが症状の改善に効果をもつことも可能性としてはありますが、それは心理療法自体の効果ではなく、偽薬効果といわれるものです。

偽薬効果というのは、患者本人には内緒で実際には全く効果のない薬を飲ませても、「薬を飲んでいるのだからよくなっているはずだ」という期待によって、実際に病気が改善してしまう現象をいいます。「そんなことがあるわけがない」と思いますか？

表 4-1 偽薬効果とは？

薬に効果がある場合 A	統制群 < 偽薬群 < 実験群
薬に効果がある場合 B	統制群 = 偽薬群 < 実験群
薬に効果がある場合 C	統制群 < 偽薬群 = 実験群

実はこの現象は結構よく見られる現象なのです。新薬開発の臨床試験（治験：承認前の薬剤の効果を確認するための実験）の際には実際には効果のない薬を与える偽薬群と，新薬を投与する実験群，さらに全く薬を投与しない統制群を設けます。もちろん，統制群と比較して実験群でより症状が改善されれば，この薬には「効果があった」ことになりますが，統制群よりも実験群で効果があったとしても，偽薬群と実験群で差がなかったらどうでしょう？

上の表 4-1 で A と B の場合には問題はありません。一番効果があるのは新薬を投与した実験群ですから，新薬を使う理由は確実にあります。しかし，C の場合にはどうでしょう？ この場合，実験群には薬の効果は出ていますが，偽薬群にも同じく効果が出ており，しかも，効果は実験群と変わりません。新薬を使う意義はありますか？ わざわざ新薬を使うことはなく，安上がりな偽薬で十分ですよね。

これと同じことが心理療法にも起こりうるかもしれません。いえ，むしろ，実際に心理学の実験でもこの手の偽薬効果，実験者効果（実験者が無意識的に望ましい結果が得られるように実験参加者に働きかけてしまうこと）は頻繁に起こっています。だから，効果の測定には第三者による客観的な測定が望ましいのです。

さて，効果を測定する場合には偽薬効果や実験者効果に気をつけなければいけないというお話をしました。この場合の「効果」とは，平均した効果のことです。そのためには，薬や心理療法の効果を数値化して客観的に測定する必要があります。血圧が下がったとか，血液中のある特定の成分が減った（あるいは増えた）とか，睡眠時間が増えたとか，問題行動が減ったとか，あるいは本人の自己

1	2	3	4	5	6	7
全く不安ではない			どちらとも言えない			非常に不安である

図 4-2 リッカート尺度

申告で生活の質が向上したかどうかを測定する方法もあります。いずれにしても効果を数値に置き換えて平均を取るわけです。

例えば10名のクライエントに「あなたは最近不安ですか？」という質問をして，7段階で回答してもらうような状況を考えてみてください（図4-2）。図のような評定項目をリッカート尺度といいます。心理学では最もよく使われる尺度です。

ある心理療法を行う前の得点をY軸に，行なった後の得点をX軸に取ってこの尺度の値を眺めてみましょう（図4-3）。対角線上のデータは事前と事後の差が0なのですから，全く効果がないことを示

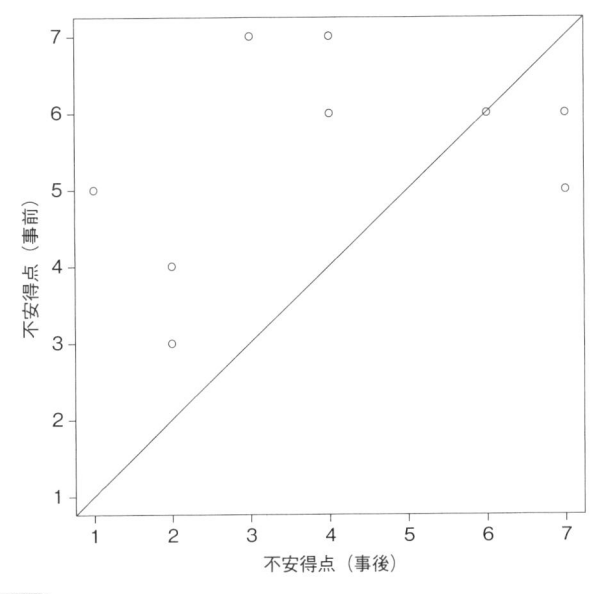

図 4-3 心理療法の事前・事後の不安得点（仮想のデータ）

しています。対角線より上にある点は改善が見られたことを示しています。一方，対角線より下にある点はむしろ悪化した場合です。

ここに示したのは仮想的なデータですが，このようなデータを見た場合，平均すれば心理療法を行なった場合には不安が低下する人が多く，不安の平均値も事前には5.2だったのが，事後には4.4になっています。この変化が偽薬群と比較した場合よりもよければ科学的には効果があったと考えます。

さて，以上のように心理学は心理療法を対象としたものでも，科学的方法によってその効果を検証します。ところが，図の対角線より下にある2名のクライエントに関してはどうでしょうか。対角線上にいる1名の方も気になります。これらの3名は，この心理療法を行うことによってむしろ悪化したり全く効果がなかった人たちです。パーソナリティの問題でしょうか。ある人たちには効果があるけれど，別の種類の人たちには効果がないのかもしれません。それ自体も心理学の科学的方法で調べることはもちろんできます。

けれども，科学的方法でわかるのはあくまで平均的な効果ですから，結局どんなに洗練された方法を使っても，個人的な要因を完全に統制することはできません。その場合は，治療者とクライエントとの間で個別的な対策を行うしかありません。これは必ずしも科学的方法に依っているわけではありませんし，また，精神分析のように，1回限り（ケースごと）の個別性を重視し，科学的方法によって検証することがそぐわないとされている分野もあります（とはいえ，ケーススタディといって，こうした治療法についても科学的証拠に基づいた検証が行われており，効果が確認されているものもあります）。現実的な問題解決を考えた場合，どんなに科学的な方法が進歩しても，結局個別のケースを重視せざるを得ない状況があるわけです。この療法に科学的に効果があることがわかっていても，自分が扱っているケースで効果がなければその方法にこだわることは正しいとはいえないでしょう。

このように，基本的に心理学の知見というのは科学的な検証の

結果得られたものが多いわけですが、特定のケースを扱わなければいけないさまざまな現場では個別性が重視されることもあるのです。また、ここで示したのは心理療法の例ですが、例えば「心理学とは何か？」といった研究をしている心理学者もいます。心理学論という分野では、心理学者の考え方やこれまでの心理学の歴史などを研究して、心理学という学問の性質を明らかにしようとします。ここでは主に文献を使った研究が行われており、文系的な学問が展開されています。

あるいは、犯罪被害者や被災者の心理について調べるなど、対象者が限られており、統計的な処理にそぐわない問題もあります。調査に協力してくれる方に対して個別に丹念なインタビューを行なったり、研究の現場を訪れて対象を直接観察するフィールドワークなどによって得られた文字や音声データ（数値に置き換えることが難しいデータ）はそのままでは統計的な処理にかけることができません。最近はそうした質的なデータも量的なデータ（数値に置き換えることができるデータ）に変換して分析をする手法が開発されていますが、質的なデータを量的なデータに置き換える場合にはどうしても欠落する情報があるため、場合によってはそのまま質的なデータとして扱うこともあります。

さらに、方法論については実験や調査といった科学的方法を用いるとしても、どの問題が重要と考えるか、ある問題についてどのような態度を取るかといった研究の根本に関わる部分については文系的考え方が要求されます。例えば、人の本性についてどのように考えるかという問題については、心理学者によってさまざまな考え方があります。性善説をとるか、性悪説をとるかという問題はまさにそうですし、タイムリーな話題をとりあげるのが好きな心理学者がいる一方で、時代や文化に影響されない人間の本質に興味をもつ心理学者もいます。

❷ 心理学の研究対象はヒトだけではない!?

「心理学とは何か」という問いに対していろいろな心理学者にたずねたらいったいどんな答えが返ってくると思いますか？ おそらく，心理学者1人ひとりによってさまざまな回答が得られるはずです。しかし，科学的心理学についていえば，「心理学とは刺激と反応の関係について研究する学問である」という定義に合意する心理学者は多いでしょう。

「刺激と反応の関係」というのはどういうことでしょうか。刺激というのは，ヒトや動物の反応を引き出すもので，何らかの形で観察ができる（つまり，目に見える形にできる）もののことです。ヒトや動物に刺激S1を与えると反応R1が得られ，刺激S2を与えると反応R2が得られたということがわかったら，反応R1を得るためには刺激S1が必要であることがわかるし，反応R2を得るためには刺激S2が必要であることがわかったことになります。

少し抽象的なので具体的な例をあげて説明してみましょう。これはパブロフという生理学者が20世紀の初頭に行なった実験で，心理学の教科書にはたいてい紹介されています。イヌに肉片（刺激S1）を見せると唾液が出ます（反応R1）。しかし，メトロノームの音を聴かせても（刺激S2），特に何も反応しません（反応R2）。このことから，イヌから唾液を引き出すためには肉片を見せる必要があることがわかります。しかし，メトロノームの音を聴かせたときに肉片を与えることを繰り返すと，メトロノームの音を聴かせただけでイヌは唾液を分泌するようになります（図4-4）。これのどこが心理学かって？ 確かにイヌの研究は心理学をこれから学ぼうとしているみなさんにとって全然心理学ではないと思われるかもしれません。しかし，私たちも梅干しのことを想像するだけで唾液が出てしまう経験をしたことがあると思います。このように，私たちの行動は必ずしもヒト特有の行動ではなく，他の多くの動物と共通しているのです。

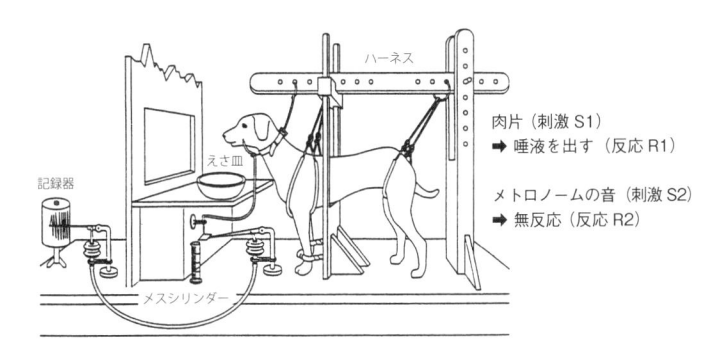

2 心理学の研究対象はヒトだけではない!?　57

図 4-4 パブロフの実験

　このように，伝統的に心理学はヒトとヒト以外の動物を区別してきませんでした。これは驚かれることかもしれませんが，長年心理学の中心的な研究テーマは，ある刺激を与えたらある反応が得られるという現象を調べることだったのです。刺激に対する反応という意味ではヒトもヒト以外の動物も（あるいはロボットでさえも！）違いがありません。実際，学習心理学という分野ではネズミやハトのような動物が多く使われてきました。調べたい対象を測定可能な状態にした上で刺激と反応の関係について調べるのです。もちろん，多くの心理学者は最終的には人間のことを知りたいと思って研究を行います。しかし，ヒト以外の動物で調べた方がよいものについては躊躇なく動物を使います。あるいは，ヒトと進化的に近い類人猿の行動を調べることによって，ヒトの特異性がより浮かび上がってきます。比較心理学といわれている分野です。

　もちろん，人間は他の動物に比べてずっと複雑です。しかし，人間が何を考えているか，どんな感情が生起しているかといった問題も，測定可能な形にして刺激－反応のパラダイムで検討します。その意味ではヒト以外の動物を調べる場合と方法論的には変わりません。例えば感情心理学者が，人間はどのような状況で強い怒り感情を示すのかを調べたいと考えたとしましょう。最もシンプルな測定

方法は，ある状況（例えば他者に批判されるなど）に実験参加者を置き，「あなたは今どの程度怒りを感じますか？」といった質問を行い，何段階かで怒りの程度を自己評定してもらうといったやり方です。例えば先ほど紹介したようなリッカート尺度（☞図4-2：53頁）を使う方法です。実際に心理学の研究でこのような尺度を使うことが多く，実験参加者には今の自分の状態に最も当てはまると思うところに○印を付けてもらいます。

ところが人間はウソをつくことができます。本当はすごく怒っているのに，「こんな実験で怒っているなんて言うと格好悪いな」と思って，「あまり怒っていない」とウソの回答を行なってしまうかもしれません。そこで自己評定以外の測定方法も組み合わせて使うことがあります。例えば生理的な状態から怒りを測定する方法です。生理的な指標には心拍，血圧，脳波，皮膚電位反応などさまざまなものが存在します。例えばコラム⑧（☞68頁）にもあるように，いわゆる「ウソ発見機」といわれているものはこうした生理指標を用いた測定を行うものです。

このようにいろいろな方法を組み合わせることによって，目に見えない現象を数値化して科学的な研究対象とするのが，心理学者がこれまで行なってきたことです。

❸ 心理学にはいろいろな分野がある

さて，既にこの章の中でも臨床心理学，学習心理学，比較心理学，感情心理学とさまざまな心理学の分野が出てきました。心理学にはどのくらいの分野があるのでしょうか？　心理学者はだいたい日本心理学会と各自が専門領域としている専門学会に入会していることが多いと思われます（心理学者は通常複数の学会に入会しています）。心理学者が入会している学会の多くは1999年に結成された「日本心理学諸学会連合」に名前を連ねています。この連合に加入している学会を見てみましょう（表4-2）。

括弧内の会員数を見てください。日本心理臨床学会がダントツで

す。なんと日本心理学会の会員数7,519名の3倍を超える会員を擁しています。これは日本心理学会には入会しないが，日本心理臨床学会には入会している心理学関係者がたくさんいるということを意味しています。臨床現場で活躍する臨床心理士の多くが入会しているためでしょう。それだけ臨床心理学が世間に求められているということなのかもしれません（それだけ専門家を必要とする悩みを抱えている人が多いということですから，それは必ずしもよいことではないのですが……）。

表 4-2 日本心理学諸学会連合に加入している学会（会員数で昇順ソートしたもの）（http://jupa.jp/category2/jimukyoku.html 加盟学会一覧より 括弧内は会員数。2014 年 6 月 1 日確認。）

学会名	会員数	学会名	会員数
一般社団法人 日本心理臨床学会	(24,000)	日本交通心理学会	(811)
一般社団法人 日本LD学会	(7,672)	日本認知心理学会	(794)
公益社団法人 日本心理学会	(7,519)	日本学校心理学会	(738)
一般社団法人 日本教育心理学会	(6,800)	日本ブリーフサイコセラピー学会	(735)
日本カウンセリング学会	(5,054)	日本遊戯療法学会	(713)
一般社団法人 日本発達心理学会	(4,099)	日本臨床動作学会	(710)
一般社団法人 日本特殊教育学会	(3,829)	日本基礎心理学会	(704)
一般社団法人 日本健康心理学会	(2,274)	日本グループ・ダイナミックス学会	(669)
一般社団法人 日本箱庭療法学会	(2,017)	日本K-ABCアセスメント学会	(625)
一般社団法人 日本認知・行動療法学会	(1,863)	日本生理心理学会	(602)
日本社会心理学会	(1,775)	日本コミュニティ心理学会	(567)
日本産業カウンセリング学会	(1,510)	日本催眠医学心理学会	(522)
日本犯罪心理学会	(1,317)	日本感情心理学会	(413)
日本応用心理学会	(1,247)	日本青年心理学会	(407)
日本自律訓練学会	(1,161)	日本福祉心理学会	(398)
日本学生相談学会	(1,158)	日本動物心理学会	(378)
産業・組織心理学会	(1,030)	日本ストレスマネジメント学会	(345)
日本人間性心理学会	(994)	日本臨床心理学会	(344)
日本質的心理学会	(981)	日本乳幼児医学・心理学会	(301)
日本キャリア教育学会	(954)	日本応用教育心理学会	(274)
日本行動分析学会	(912)	日本バイオフィードバック学会	(230)
日本EMDR学会	(903)	日本行動科学学会	(189)
日本パーソナリティ心理学会	(899)	日本コラージュ療法学会	(173)
日本家族心理学会	(884)	日本マイクロカウンセリング学会	(123)
日本リハビリテイション心理学会	(830)	日本理論心理学会	(105)

さて、日本心理学諸学会連合に加入している学会は2014年現在全部で50学会あります。もちろん、心理学の分野がきっかり50あるという意味ではありません。例えば日本心理学会には多様な専門を背景にもつ心理学者が入会していますし、日本心理臨床学会と日本心理学会、日本認知・行動療法学会の3つの学会に入会している心理学者というのもいるでしょう。日本社会心理学会と日本グループ・ダイナミックス学会はいずれも社会心理学の学会ですし、日本教育心理学会と日本学校心理学会もいずれも教育心理学に関係する学会であるということがいえるでしょう。日本心理臨床学会と似た名前の日本臨床心理学会という学会もあります。

学会では多くの場合、雑誌を1年（1巻）に数号刊行します。何号刊行されるかは学会の規模により異なります。刊行された雑誌には論文が数編から10編程度掲載されることが多く、これらの雑誌に自分の論文を掲載してもらうことが心理学者の重要な仕事の1つです。論文の掲載までには審査が存在します。心理学の場合、審査する側（審査者）にも、審査される側（著者）にも、相手が誰かがわからないようにする匿名での審査が主流です。審査があるわけですから、投稿された論文がすべて掲載されるわけではありません。ふつうは主査と副査による複数の審査者による審査が行われ、この段階でかなりの論文が掲載不可（リジェクト）となり、不可とならなかった論文のほとんども修正採択（審査者のコメントに基づいて論文内容を修正すること）となります。したがって、これらの審査を経た論文にはそれなりの質的保証がなされています。なお、雑誌は必ずしも学会と一対一で対応しているわけではなく、*Nature* や *Science* といった商業誌は学会に所属しているわけではありません。審査する者は同じ研究者コミュニティに所属する研究者です。研究者が研究者の論文を審査するので、このような仕組みをピア・レビューといいます。なお、審査者には対価が支払われることもありますが、多くの場合は無償です。このように相互の評価によって学術誌の質が保証されます。

論文が雑誌に載っても基本的に対価をもらうことはありません。むしろ掲載料を取られる学術誌もあります。最近流行のオープンアクセスの雑誌（インターネット上で誰にでも無償で公開される雑誌）では，数万円から十数万円の費用を請求されることが珍しくありません。研究者は自分の研究ができるだけ「有名な」（多くの人が読み，たくさん引用される）雑誌に掲載されることを望みます。どれだけ引用されるかが研究者の評価に直結するからです。したがって，論文を書いて公開するのは金銭的な対価を得るためではないのです。オープンアクセスの雑誌はインターネット上で誰にでも無償公開されるため，他の研究者に読んでもらいやすく，また，その結果として被引用数が多くなります。自分の研究成果が他の研究者の論文に引用されることは，その論文の評価が高いことを示しており，そのため，研究者は自分の書いた論文を引用してもらうことが重要なのです。高評価を得るために，不正を行なって有名な雑誌への掲載を目指す研究者もおり，そのことが問題になることもあります。有名な雑誌に掲載されることが研究者の評価を高めるのは，それが将来の研究費の獲得につながったり，より研究環境のよい有力大学や研究所への就職に有利になったりするからです。

　同じような分野なのに複数の学会が乱立しています。それでなくても心理学の分野は細分化されているのに，さらにその細切れになった専門学会が別れているのです。人数の少ない学会だとお互いに分野が近いので実質的な議論がしやすいというメリットがありますが，基本的にそれぞれの学会が専門の学術雑誌を出しているために，それぞれの研究成果が見えにくくなったり，大学院生が複数の学会に入会せざるを得なくなり，経済的な負担が問題となったりしています。ともあれ，それはここで書く事ではないので，心理学の分野についてのお話を進めましょう。

　学会のリストはあまりに混沌としているので，次に日本心理学会が認定している認定心理士の資格取得に伴う大学の科目リストから心理学の領域名をピックアップしてみましょう。なお，認定心理士

とは大学で心理学を専攻して卒業した者が申請をして与えられる資格です（詳しくは第2章をご覧ください）。認定のための試験はありませんが学会の定める科目を履修している必要があります。したがって，心理学科や心理学専攻などの専門課程を有する大学では，この認定心理士を意識したカリキュラムを構築している場合があります。科目は大きく，基礎科目と選択科目に分かれており，基礎科目には心理学概論（a），心理学研究法（b），心理学実験・実習（c）の3つの領域が並びます。選択科目には，

d. 知覚心理学・学習心理学
e. 生理心理学・比較心理学
f. 教育心理学・発達心理学
g. 臨床心理学・人格心理学
h. 社会心理学・産業心理学

が並んでいます。これらが伝統的なカテゴリーとして存在すると考えてもよいのではないかと思われます。ただ，近年では知覚心理学や学習心理学は認知心理学の大きな枠の中に入る傾向にあります。

❹ それぞれの分野ではどんな研究が行われているのか？

上で紹介したような各分野は大きく分けて応用的なものと基礎的なものとに分類することができます。臨床心理学や産業心理学は応用的な領域ですが，知覚心理学や生理心理学は基礎的な領域です。しかし，例えば社会心理学や教育心理学など，基礎的な研究と応用的な研究が混在している分野もあります。

知覚心理学とは，客観的・物理的な環境と人間に感じられる環境との違いを研究する分野です。例えば視覚では，人間の網膜上に投影された像（客観的・物理的な環境）と，実際に私たちが「見えた」と思う像（感じられる環境）との間にはズレがあります。図4-5を見てください。上はヘリング錯視，下はツゥエルナー錯視と呼ばれ

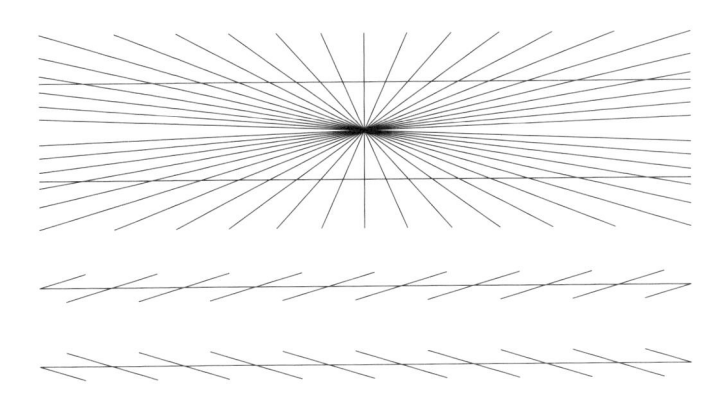

図 4-5 ヘリング錯視とツウェルナー錯視（高橋康介 東京大学先端科学技術研究センター作成のプログラムより描画）

ているものです。いずれも，中央を横断しているそれぞれ2本の線分がまっすぐに見えません（定規を当ててまっすぐであることを確認してみてください）。客観的にはまっすぐのはずの線分が歪んで感じられるわけです。

このように，物理的な特性は必ずしもそのまま人間に「感じられる」わけではありません。知覚心理学の領域ではこうした錯視の研究が数多く行われています。

学習心理学といえば「教科学習の話かな」と思われるかもしれません。もちろん，大いに関係はしますが，実は学習心理学で多くの場合扱われているのは人間以外の動物の学習です。学習というのは，もちろん教室での学習も含みますが，心理学用語として使われる場合には「経験によって行動が変容すること」をいいます。例えば，テストでよい点をとったら褒められたのでうれしくなって勉強が好きになったとか，一生懸命勉強をしたけど報われないから勉強をやめてしまったとか，UFOキャッチャーでたまによい景品が当たるからやめられないとか，そういった経験と行動の関係もすべて学習心理学の領域です。しかも，そうした学習行動を人間以外の動物を使って研究することが多いのです。

なぜ，学習心理学では動物を使うのでしょうか。それは，人間以外の動物の方が実験に制約が少なく，また実験の統制が容易だからです。例えば，空腹時の行動について研究したい場合，人間を対象とする場合には「24 時間以上飲み食いせずに実験室に来てください」なんてお願いをしなければいけません。倫理的にも予算的にも，さすがに人間を 24 時間監視した状況に置くような実験はできませんから，これは結構やっかいです。しかし，動物だったら簡単です。ネズミに 24 時間食事を与えなければよいのです。もちろん，人間を使って学習心理学の実験ができないことはないし，実際に人間の学習についての研究も膨大にありますが，歴史的には要因が統制しやすい動物実験が多く行われてきました。

生理心理学では，人間の行動を生理的な指標によって測定します。脳波や体温，心拍，皮膚電位反応，fMRI などさまざまな指標から人間行動を研究します。神経科学や脳科学と呼ばれる領域ともかなり近い分野です。脳を破壊する必要がある実験などは人間以外の動物を対象とすることもありますし，何らかの事故や病気で脳の一部が損傷した方を対象にした研究も行われています。

比較心理学は，人間とそれ以外の動物を比較します。そのような意味では生物学の行動生態学（社会生物学）とも近い分野です。いずれも動物の研究からヒトの特徴をあぶり出そうとしますが，前者では学習（経験による行動変容）に，後者では遺伝（いわゆる本能）に注目します。用いられる動物は，ネズミ，ハト，ヒトなどです。

教育心理学は学会の会員数も多く（6,800 名），学会大会の規模もかなり大きくなっています。教育に関係することをすべて扱うわけですが，主流の研究では幼児期から青年期までを対象としています。教職課程の必修科目となっているので，多くの大学で学ぶことができます。特定の教育手法の成果測定から人格形成，学級における子どもの相互作用に至るまで幅広く教育に関係する問題を扱っています。

発達心理学はゆりかごから墓場まで，人間の一生の変化について検討する学問です。主に乳児や幼児が対象となることが多いのです

が，高齢者の研究をしている発達心理学者もいます。教育心理学とはかなり近い領域で，はっきりと両者を分けることが難しい研究も多くなっています。保育園や幼稚園でのフィールド実験も盛んに行われています。

臨床心理学は，心理的な問題を抱えたクライエント（悩みを抱えた依頼者）のカウンセリングを行なったり，各種心理検査を行うことによって査定を行なったりする学問です。鬱がどのようなメカニズムで発生するのかを脳科学的な見地から明らかにしようとしている基礎的な研究者もいます。臨床心理学は人気の領域ですが，カウンセラーとして安定した仕事をしていくことは簡単ではありません（第2章を参考にしてください）。臨床心理学を学べる大学は全国にかなり多く，臨床心理士を目指せる指定校大学院を設置している大学もたくさんあります。

人格心理学は，性格心理学といわれたり，パーソナリティ心理学といわれたりします。個人の比較的安定した性質（性格，人格，パーソナリティ）を測定したり，測定するための手法を開発したり，その他の行動指標との関係を研究したりする分野です。人格心理学が成立するためにはある程度状況に依存しない性格が存在する必要がありますが，状況に依存しない性格というものがそもそも存在するかどうかで大論争になったこともあります。

社会心理学は，人格心理学とは対照的に，状況に依存した人間行動を研究する分野です。特に重視されているのが，マイクロ・マクロ・ダイナミックスという考え方で，人が状況に影響を与え，その状況から人が影響を受けるという相互循環的な構造です。人は社会を作りますが，その人自体が社会から影響を受けています。このように人と社会はそれぞれがそれぞれに影響を与え合うような構造をもっています。そこに注目して研究を行うのが社会心理学です。

産業（・組織）心理学は社会心理学とかなり近い分野です。会社や工場など主に仕事に関係した分野を研究しており，より応用を重視しています。大学の心理学者だけではなく，企業に所属している

方が研究をしている場合もあります。研究を行い，その研究成果を現場に活かしてさらに理論を発展させることが期待されています。

　もちろん，心理学の分野はこれだけではありません。例えば，認知心理学や進化心理学，犯罪心理学，交通心理学などの分野もあります。特に認知心理学は大きな分野です。ただ，複数の分野にまたがった網羅的な分野なので，定義は非常に難しいです。人間の情報処理を研究する分野ですが，そういう意味では発達心理学的な関心から認知心理学の研究をすることもできるし，知覚心理学の一部は認知心理学に取り込まれつつあります。学習心理学も，認知の変化について見るならば認知心理学になり得ますし，社会心理学には「社会的認知」という確立した領域があり，そこでは認知心理学の方法論を用いた研究が行われています。

コラム⑧ ウソって見抜けるの？

松田いづみ

心理学的な技術を使えばある程度は可能です。

ウソを見抜くための研究は古くから行われてきました。しかし、「この行動からウソがわかる」といえるものは、残念ながら見つかっていません。

そこで最近では、相手に話をさせるときに条件をつけることでウソを見破ろうとする試みが行われています。例えば、「その話を時間的に逆の順番で話してみて」「私から目をそらさずに話してみて」と条件をつけます。そもそもウソをついているときは、「もっともらしい話ができているか」「態度が変になっていないか」などを自分でチェックしなければならず、心理的な負担が大きくなります。その状態で与えられた条件をクリアしようとすると、負担が大きくなりすぎてうまく話せなくなります。反対に、ウソをついていないときは負担が小さいので、条件をつけられても話すことができます。

ただしこれは完璧な方法とはいえません。心理的な負担にどのくらい耐えられるかには個人差があります。もともと負担に強い人は、条件をつけられても余裕で対処できるかもしれません。

そこで日本の警察では、ポリグラフ検査を導入しています。俗にいう「ウソ発見」ですが、ウソそのものを発見するのではありません。容疑者が事件に関与している場合、本当は知っていることを「知らない」とウソをついて隠すことがあります。ポリグラフ検査では、容疑者が事件について知っているか否かを、言葉に頼らずに生理反応を使って見極めます。例えば、ネクタイで首を絞めた殺人事件があったとします。凶器については報道されておらず、容疑者も「知らない」と供述しました。この場合、ポリグラフ検査では「凶器はストッキング？」「ベルト？」「タオル？」「スカーフ？」「ネクタイ？」といった質問をします（図c8-1）。もし容疑者がネクタイに対して他の質問よりも大きな生理反応を示したら、「凶器がネクタイだと知っている」と判定します。ウソをついて隠していても、

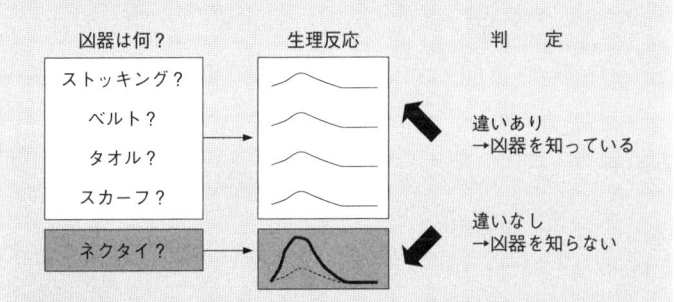

図 c8-1 凶器がネクタイであるときのポリグラフ検査の例

生理反応を見ればわかってしまうのです。

検査では心拍数や汗の量などを測定します。もちろん脳の活動を測る研究も進んでいます。このようなポリグラフ検査は，裁判での証拠となりうる「鑑定」として実施されています。心理学の重要な応用分野の1つといえるでしょう。

コラム⑨　失敗は成功のもと？　後悔と選択の関係

小宮あすか

突然ですが，みなさんが今，後悔していることは何でしょうか。「要らないものをつい買ってしまった」「友達に言い過ぎてしまった」「もっと勉強しておけばよかった」「好きな人に告白できなかった」……日常の些細な失敗から人生を変えるような大きな選択まで，私たちはさまざまなことについて後悔を経験します。

心理学の研究では，後悔は選択行動と関わりの深い感情であることが知られています。例えば，選択に責任を感じやすいほど，また選択の結果が悪いほど，強い後悔を感じることが知られています。さらに，逃してしまったよりよい結果を知る機会があるときには，反実思考（「もし○○を選んでいれば，××だったのに」という思考）が生み出されやすいために，後悔を感じやすいことが示されています。後悔は，不快な感情経験です。しかし，心理学者たちは，失敗を導いた過去の選択を悔い，教訓とすることで，将来よりよい選択ができるようになるという機能的側面もあることを指摘しています。

後悔に関する心理学的研究の中で，最も有名な研究の1つがギロビッチとメドヴェクによって行われた研究です。彼らは，アンケートや電話で調査を行い，人々にどんなことを後悔しているかを聞きました。この結果，過去の一週間を振り返ったときには行為後悔（実際にはしたけれど，しなければよかったと思う後悔）がより思い出されやすいのに対し，これまでの人生を振り返ったときには非行為後悔（実際にはしなかったけれど，すればよかったと思う後悔）がより思い出されやすいことを報告しています。

なぜでしょうか？　行為後悔のほうが非行為後悔よりも失敗の責任が明確であり，短期的には強い後悔を感じます（「なぜあんなことをしてしまったのだろう！」）。しかし強いがゆえに，時間が経てば，その行為が正当化されやすいと考えられます。また，何かをしたあとの失敗は，比較的すぐに結果がわかります。このため，その失敗からうまく立ち直れるように行動を起こしやすく，長期的には後悔が残りにくい，ともされています。一方で，しなかったことの主な理由，将来の失敗への不安や恐怖は，ふたを開けてしまえば，「なぜあんなに不安だったのだろ

コラム　失敗は成功のもと？　後悔と選択の関係　69

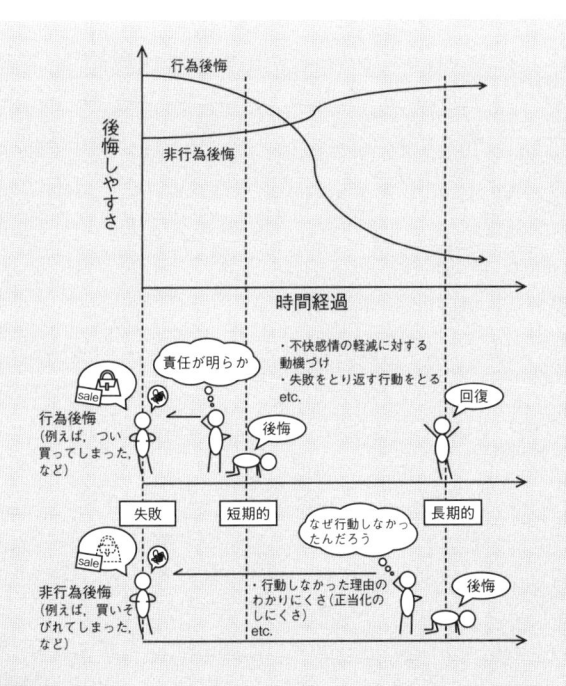

図 c9-1　行為後悔と非行為後悔の後悔しやすさと時間経過の関係

う」と思うものです。このため，非行為後悔は時間の経過とともに弱まるどころかむしろ強くなりやすいと考えられています（図c9-1）。

中には，このコラムの最初の質問に「我が人生に悔いなし！」と言い切った人もいるかもしれません。今までの研究でも，後悔を経験しやすい人・しにくい人がいることが示されています。例えば，シュワルツらは，最良の結果を求める人は，ある程度の結果で満足する人よりも後悔を感じやすいことを示しています。面白いことに，最良の結果を求める傾向の強い人たちは，後悔も感じやすい一方で，よりよい大学に入りやすく，またよりよい給料の職に就きやすいことが報告されています。つまり，最良を求める人は，選択肢をていねいに吟味するので，後悔も経験しやすい一方で，成功も収められるのです。「失敗は成功のもと」ということわざがありますが，まさに後悔は，失敗から成功を生み出す手助けをしているといえるのではないでしょうか。

Chapter 5
心理学者ってどんな人？

今田純雄

❶ 心理学者の多くは大学の教員です

「学者」をどのように定義するかは人により異なりますが，ここでは『日本国語大辞典』の定義に従い「学問にすぐれている人。学問研究を仕事としている人」としましょう。つまり心理学者とは「心理学の勉強に励み，自ら研究活動にいそしむことによって収入を得ている人」となります。筆者が私的に定義すると「人間の"こころの謎"について，ああかもしれない，こうかもしれない，ああでもない，こうでもないと悩み続け，そのことによって収入を得ている人」となります。

みなさんの中には，「学者」を特別の存在と思っている人もいるかもしれません。世事に疎く，研究のことで頭がいっぱいで，場合によると食べることや眠ることを忘れることもある，と。それは間違いではありません。しかし，そのような人であっても生計を営む必要があります。

ここでハッグブルームという心理学者らが行なった調査結果を紹介しましょう。彼は，学術専門誌で引用された論文の頻度，心理学の教科書に登場した頻度，さらにインターネットを介した調査などによって，20世紀の心理学の発展に貢献した心理学者ベスト100名を選出しました。表5-1は，その中のトップ10です。

みなさんの知っている人はいるでしょうか。フロイトの名前は聞いたことがある，と答える人は多いでしょう。他の9人の名前についてはどうですか？

この10名の主な職場を調べてみました。9名はすべて大学ない

表 5-1 心理学の発展に寄与した心理学者

名前	名前（原語）	主な職場	領域	総合	学術誌	教科書	ネット調査
スキナー	Skinner, B. F.	大学	学習	1	8	2	1
ピアジェ	Piaget, J.	大学・研究所	発達	2	2	4	2
フロイト	Freud, S.	（精神科医）	臨床	3	1	1	3
バンデューラ	Bandura, A.	大学	学習・社会・健康	4	5	3	5
フェスティンガー	Festinger, L.	大学	社会	5	12	19	11.5
ロジャーズ	Rogers, C. R.	大学	臨床	6	28.5	5	9.5
シャクター	Schachter, S.	大学	社会	7	46	6	24
ミラー	Miller, N. E.	大学	学習・生理	8	13	9	14.5
ソーンダイク	Thorndike, E.	大学	学習	9	40	50	9.5
マズロー	Maslow, A. H.	大学	パーソナリティ	10	37	14	19

しは研究所に勤めていました。大学の教員として給料を得て，研究活動を行い，結果として「20世紀の心理学の発展に重要な貢献をした」と評価されたということになります。つまり代表的な心理学者のほとんどは大学の教員なのです。

このような事情は日本でも同様です。大学という職場は，比較的自由な研究活動を保証してくれています（大学によって随分と格差はありますが）。それ故に，「学者」でありたいと願う多くの若き研究者らは大学の教員になりたいと考え，その狭き門をくぐりぬける努力をしているのです。

2 大学の教員とは

では大学の先生（教員）とはどういう人なのでしょうか。少し心理学から離れ，大学教員という職業について見ていきましょう。表 5-2 は，筆者の勤務する大学が実施している受験説明会にやってきた人たち（ほとんどが高校生）を対象に実施した質問紙調査の結果です。近年，受験説明会は，どの大学も頻繁に開催しています。ど

表 5-2 高校生 187 名からの回答

	回答形式	「はい」の%
問1：大学の先生も，大学で教える為の「教員免許」を持っている。	はい・いいえ	63.0
問2：大学で使用する教科書も，国による「検定」を受けている。	はい・いいえ	54.3
問3：大学での授業内容も，国による「指導」を受けている。	はい・いいえ	34.0
問6：心理学者でノーベル賞をもらった人はいない。	はい・いいえ	25.3
問7：現代心理学の基礎はフロイトの精神分析学によってつくられた。	はい・いいえ	78.4
問8：心理学を学ぶ上で，生物学，数学はあまり必要がない。	はい・いいえ	15.4
問9：心理学を学ぶ上で，経済学はあまり必要がない。	はい・いいえ	34.6
問10：心理学者の主な活躍の場は医療現場（病院など）だ。	はい・いいえ	41.4

こかの大学の受験説明会（オープン・キャンパスの主要なプログラムの1つ）に参加した，という人は多いことと思います。

筆者の勤務する大学では，参加者の多数は高校2年生と高校3年生ですが，親同伴というケースもめずらしくありません。中学生がやってきたこともあります。アイスやジュースは取り放題，昼食もタダ，お土産ももらえると，いたれりつくせりの歓待ぶりです。ですので，去年も来ましたという参加者もでてきます（表5-2の集計は高校生だけを対象に行なっています）。

さて問1から問3までを見てください。正解はすべて「いいえ」です。しかし問1，問2は半数以上の人が「はい」を選び，問3でも3割を超える人が「はい」を選んでいます。この結果を見て，大学関係者の多くは驚きます。逆に，正解は「いいえ」であると説明すると受験説明会に来ていた高校生たちは驚きます。

教育基本法という法律があります。少し長くなりますが，第7条を引用しましょう。

> 第七条 大学は，学術の中心として，高い教養と専門的能力を培うとともに，深く真理を探究して新たな知見を創造し，これらの成果を広く社会に提供することにより，社会の発展に寄与するものとする。
> 2 大学については，自主性，自律性その他の大学における教育及び研究の特性が尊重されなければならない。

平たくいうと，行政機関（文部科学省など）は大学の教育にあれこれと口をはさまないよ，大学の自主性，自律性を尊重するのだから，それぞれの大学の責任において，学術の発展に寄与しなさい，ということになるでしょう。

みなさんの多くは，保育園（幼稚園），小学校，中学校，高等学校と進んできたはずです。それぞれの教育（保育）機関で「先生」と呼ばれる人たちは，教員免許（保育士資格）を取得した人たちです。教員免許をもたずに「教え」ているとすれば，それは法律違反となります。しかし大学の先生にはそのような教員免許は与えられません。それぞれの大学が教員にふさわしいと判断すれば（多くの大学では教授会という組織で審議します），その大学の教員になれるのです。

思い返してください。歌手やタレントだった人が〇〇大学で教えている，という話を聞いたことがありますね。スポーツ選手が〇〇大学の先生になった，という話を聞いたこともあるはずです。稀には大学を出ていないケースや，中学校しか出ていない人が大学の先生になったというケースもあります。それぞれの大学が，大学独自の判断で「教育及び研究の特性」（上記第7条第2項）にふさわしい人物と認めれば，その人物は大学の先生となりうるのです。

図5-1を見てください。大学教員は「学者」として研究活動に従事する存在ですが，大学から給与を得ている存在でもあります。それ故に，研究以外の業務にも従事します（中には，研究だけを行なっていればよいというケースもありますが，極めて稀です）。その代表が教育，すなわち授業ですね。その領域（例えば心理学）のエ

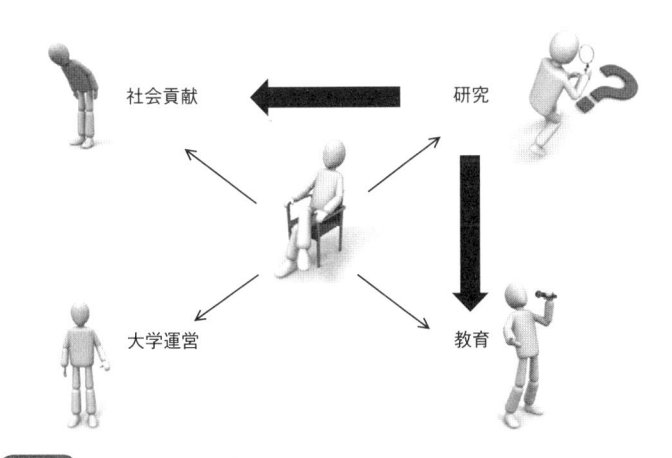

図 5-1 大学の先生の仕事

キスパートなのですから,自らの研究内容も踏まえた専門性の高い授業が期待されます。

一方,研究の「成果を広く社会に提供する」(上記第7条)義務があります。具体的には,研究成果を専門学会で発表し,論文を執筆し,書籍を刊行し,講演をするといったことがらです。新聞やテレビなどマスコミからの取材に応じるといったことも含まれます。

さらに私立大学は学校法人(国公立の大学はそれぞれ国立大学法人,公立大学法人)として運営されていますので,その運営にかかわるさまざまな業務に従事する必要があります。例えば,みなさんと直接関係するところでは,入学試験の作問,採点,監督,高校訪問,オープン・キャンパスなどです。大学によって,また同じ大学の中でも教員によって,この「大学運営」にかかわる業務は随分と異なります。中には,大学運営の業務に追われて研究どころか,教育すら満足にできないとなげく大学教員もいます。

❸ 「心理学者」の研究活動とは

インターネットの検索画面に入り,「日本心理学諸学会連合」と入

力してみてください。トップページの左側にある「メニュー」から「加盟学会一覧」をクリックしてください。日本心理学諸学会連合という組織に加盟している学会がつぎからつぎへと登場します。数えてみると，50もの学会があります（2014年9月現在）。なんと多くの心理学に関連する学会があることでしょう（表4-2 ☞ 59頁）。

　50の学会それぞれの会員数を見てください。それらを足してみましょう。なんと93,552人になります。文部科学省が出している学校基本調査によると，大学の教員数は2014年で180,882人ということです（「政府統計の総合窓口e-Stat」というインターネットサイトからデータをダウンロードできます）。はたして，大学教員の半数が心理学者なのでしょうか？

　もちろんそのようなことはありません。93,552人は延べ人数であって，1人でいくつもの学会に入会しているが故にこのような数字になるのです。また学会は大学教員以外の人も入会できますし，学会の中には大学教員は少数派という学会もあります。さらに修士課程，博士課程に在籍している大学院生，大学院を修了したにもかかわらず就職先が見つからずに大学院に籍を残したままの人（一般にオーバードクター，ポスドクなどと呼ばれます）も多数入会しています。

　筆者の場合，50学会中6つの学会に入会していました。筆者はこの50の学会に含まれない学会にも入会しているので，それらを合わせると9つの学会に所属しています。人によりそれぞれですが，10を超える学会に所属している教員もめずらしくありません。

　さて，「心理学者」の研究活動はこれらの学会で毎年開かれる年次大会とそれぞれの学会が刊行している学術刊行物（一般に学会誌と呼ばれる）によって知ることができます。例えば，日本心理学会の年次大会ですと，講演会やシンポジウムも多数開催されますが，個々の学会員による研究発表は，近年，1000件を超えています。すさまじい数ですね。1000ともなると，もう，その内容のすべてを知ることは不可能です。

ここで1つの疑問について答えておきましょう。先に，心理学者の多くは大学教員だといいました。さらに心理学に関連する学会は少なくとも50あるが，それぞれの学会には大学教員以外の職業の人や大学院生が数多く入会しているともいいました。さらに，研究発表の主たる舞台は年次大会であるといいました。これらの話から，大学教員だけが研究者ではない，学者ではないのではないかという疑問がでてくるかもしれません。

　答えましょう。まず大学院生は大学（院）に学費を納め，学業の一環として研究を行い，その成果を学会で発表します。研究活動によって給料をもらっているわけではありません（大学院生の一部は学術振興会等から研究奨励金（生活費），研究費が支給されますが，話が複雑になるのでここでは詳しく触れません）。研究活動を業務とはしていないということです。

　日本発達心理学会，日本教育心理学会などでは保育園，幼稚園，小学校，中学校，高等学校の先生が会員となり，年次大会で研究発表をすることも珍しくありません。企業の中には内部に研究所をもつところもあり，そこに勤務する人が研究発表を行うこともよくあります。所属のない人が「無所属」として発表することすらあります。しかしこれらの人のほとんどは，研究活動さらに研究発表が業務というわけではありません。本来の業務（例えば保育園で園児の世話をする）のかたわら，自らの興味と関心から研究を行なっているのです。

　その一方で，大学教員にとっては，研究活動は業務の1つです。多くの大学は教員の1人ひとりに給与とは別に研究費を支給しています（大学によってその金額は随分と異なります）。また国（文部科学省や学術振興会など）は大学教員からの申請を受けて，その内容を審査し，研究費（科学研究費補助金など）を支給します。心理学の分野でも，毎年多額の研究費が，国の予算から，数多くの大学教員に配分されています（心理学は文系ですから理系ほどのことはありませんが，毎年100万円単位の研究費を使っている大学教員もい

れば，支給されている研究費がほとんどなく，学会へ参加するにも私費で賄っているという大学教員もいます。貧富の差が大きいのが大学の先生なのです）。

　このように見ていくとさきほどの疑問に対する答えが見えてきます。研究活動は大学教員の特権ではなく，実際に大学教員以外の多くの人が研究を行い，その成果を学会で発表しています。しかし，研究活動が業務の1つであり，研究に必要な経費が支給されるのはほぼ大学教員に限られる，ということです。学会は北海道から沖縄まで日本のあちこちで開催されます（2014年度の日本心理学会は京都：同志社大学で開催されました。2015年度は名古屋：名古屋大学で開催される予定です）。学会に参加するための旅費，宿泊費さらに参加費となると，学会に参加するだけでもかなりの出費となります。大学教員の場合，その費用は研究に必要な経費として，給与とは別に支給されることが多く，大学教員以外の職業の人の場合は自費による持ち出しとなります。このような経済的な側面からも，学者としての研究活動は大学教員が主になっているということがわかります。

❹ 研究とは何か

　母校の高校が甲子園出場となりました。創立以来初めての快挙です。OBの1人が応援に駆けつけましたが，大阪に来たのは初めてでした。道に迷い，近くの人に「甲子園まで行きたいのですが，どうやって行けばいいですか」と尋ねました。するとその人は「そうですね，まずは日々の鍛錬が第一ですね」と答えました。

　これは落語のネタですが，ほとんどの人は笑い出すことでしょう。心理学者も同様です。しかし心理学者は，さらに一歩先に進みます。人はなぜ，この話に笑ってしまうのだろう？　そもそも笑うという行為はどのような条件のもとで喚起され，それはどのような役割，機能をもっているのだろう？　中には笑わない人もいれば，面白いと感じながらも笑わない人もいる，これはなぜだろう？

そこである心理学者は,「まったく予想外の出来事が生じた場合,人は笑い出す」という仮説を立てました。そしてその仮説を検証するために,数多くの「予想外の出来事」を創案し,どのようなときに人は笑い出すかどうかを調べることにしました。

この研究が次々と成果を生み出していくと,「笑いはその人の精神的健康にプラスの効果を及ぼすだけでなく,人間関係の改善・維持につながる」という結論へ向かっていくかもしれません。さらに,「笑いの多い授業を行えば,生徒の学習成績にプラスの効果を及ぼす」という研究結果も得られるかもしれません。

以上の例（すべて仮想的な話ですが）を基に,研究ということがらについて3つの特徴を挙げることができます。ある仮説が事実であると証明されれば,それを元に次の仮説が生まれる。それが再び証明されるとさらに次の仮説が生まれる,といったように事実（仮説）の積み重ねによって1つの大きなテーマ（ここでは「笑い」）についての理解が進んでいきます。すなわち研究というものの特徴の1つは,「事実の積み重ね」なのです。1人の心理学者が次々と「事実を積み重ね」ていくこともありますが,多くの場合,他の多くの心理学者が参加してきます。ですので,1つの研究論文を読むと,その研究に先行する多数の研究が引用されているということがふつうのことになります。また多くの心理学者の興味をひくテーマはそれだけ研究数も増えていきますので,一挙に何十も,場合によると何百もの関連研究が発表されるということも見られます。

第2の特徴について考えてみましょう。この心理学者は「人はなぜ笑うのだろうか」という疑問からスタートしました。仮に1つの答えが得られたとしても,多くの人は「〇〇かもしれない」という程度ですましてしまうでしょう。これでは「事実の積み重ね」が最初から頓挫してしまう。また仮説が検証されず,学会発表すら行われないということもあります。膨大な労力と時間と費用を要した研究であっても「成果なし」で終わることも珍しくありません。第2の特徴とは,研究とは必ずしも予測どおりの成果が得られるもので

はない，ということです。

　第3の特徴は，研究には基礎研究と応用研究があるということです。心理学の基礎研究とは，人間の心理と行動に関する「なぜ」に答えようとするもので，その研究成果がただちに社会に役立つというものではありません。その一方で応用研究とは実利性，実用性を目的としたものであり，基礎研究の成果を利用，活用することが通例です。この問題は大きな話になりますので，節を改めて説明しましょう。

❺ 基礎研究と応用研究：「なぜ」と「どうすれば」のちがい

　心理学の研究対象は行動とその背後に仮定される心理です。よって，研究テーマの多くは日々の生活の中から見つけ出されます。先ほど「人はなぜ笑うのか」という問題をとりあげました。同様な例は数限りなく出てきます。「人はなぜ食べるのか」「人はなぜ眠るのか」「人はなぜ争うのか」「好戦的な人と争いを好まない人がいるのはなぜなのか」とキリがありません。

　図5-2を参照してください。われわれの日々の生活から浮かび上がってきた「なぜ」に，とりあえずの説明を行います。図中「理論」と表記してあるものが相当します。

　理論は実証データの後ろ盾がないと単なる机上の空論になってしまいます。ここからが大事な点で，多くの心理学研究では科学的方

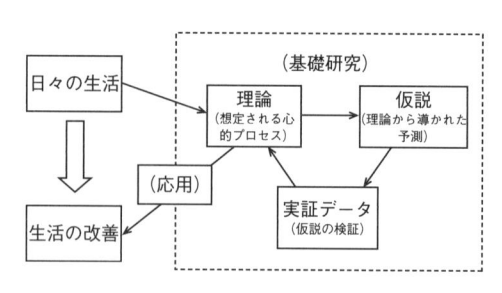

図 5-2 **心理学研究における基礎研究と応用**

法が適用されます。理論から仮説を導き，その仮説を実験や調査などによって検証していくわけです。仮に実証できれば，理論は（部分的に）肯定されたことになります。このような実証作業（実験や調査）により，理論はより確かなものとなっていきます。実際には理論そのものを修正するといったことがよくあります。いずれにしても，理論 ➡ 仮説 ➡ 実証データ ➡ 理論（の検証・修正）というループを繰り返すことにより，より確かな理論が構築されていくのです。応用研究は理論を日々の生活に適用し，生活の改善を行います。いうなれば「どうすれば」よいかについて研究を行う領域なのです。

❻ 心理学者ってどんな人？

さて，ようやく本章のタイトルに辿りつきました。心理学者ってどのような人なのでしょう？ ここで注意して欲しいことは，心理学を職業としている人は大きく2つのタイプに分けることができるということです。いわゆる学者と実践家[1]です。学者については上記エンエンと説明をしてきました。ここでは「実践家」について見ていきましょう。

アメリカ心理学会のWebサイトには，"What do practicing psychologists do?"というタイトルのページがあります[2]。そこではおおよそ次のような説明があります。「心理実践家は，人生と精神衛生上の諸問題を抱える人々に対して，それらの問題に効果的に対処する方法を身につけさせる為の手助けを行う。心理実践家は，その為の臨床的技法に関する専門的訓練を受けた人々である。心理実践家は大学院で学び，専門的訓練を受け，各州が発行しているライセンスを取得した上で，心理療法などの業務に従事している」。

---

[1] practicing psychologists（心理実践家）は，日本では，カウンセラーとかセラピストと呼ばれることが多い。
[2] http://www.apa.org/helpcenter/about-psychologists.aspx（2015年5月5日確認）

心理実践家の職場は病院（精神科，心療内科など）や公的機関が多いのですが，アメリカでは独立開業している人も多いようです。日本でも，心理実践家の需要は高まっていますが，公的資格が存在しませんので，日本の心理実践家はすべて無資格で勤務（開業）しています。病院では，医師，看護師，薬剤師，臨床検査技師など専門業務を担当している人たちはほぼ全員が公的資格をもっています。そのために日本の心理実践家には，肩身の狭い思いをしている人も多いようです（☞第2章）。

さて，みなさんは心理学者と心理実践家を混同していませんか。本章のタイトルは「心理学者ってどんな人？」です。「心理実践家ってどんな人？」ではありません。肩すかしを食らった！と思っているかもしれません。以下では，筆者の私見に基づいて，心理学者と心理実践家を対比しながら，心理学の専門家である彼（彼女）らがどのような人たちなのかを見ていきます（今一度，私見であることを強調しておきます）。

心理学者は優柔不断で，すぐに迷いを口に出しますが，心理実践家は自信家が多く，少なくとも被相談者（クライエント）の前で迷いを口にすることはありません。心理学者は「ああかもしれない，こうかもしれない」と判断を留保しつづける傾向にありますが，心理実践家は「ああです，こうです」とものごとを言い切る傾向にあります。これは職業病といえるものかもしれません。

心理学者は少なくとも自分の専門分野においては，新しい事実や考え方が登場すると率先してそれを学ぼうとしますが，心理実践家はすでに自分が身につけている技法をより洗練されたものとすることを重視します。たとえていいますと，心理学者は目移りの激しい車マニアであり，新車がでるとすぐにそれに乗り換えたくなるタイプです。心理実践家は1台の車を長期間にわたり保有し，随時手をいれながら，何十年にもわたり乗り続けるタイプといえます。

心理学者は総じて皮肉屋が多く，変人といわれる人も少なくありません。心理実践家は人当たりがよく，人格者と呼ばれる人が多い

ようです。もし彼らがセールス業に就いたならば，心理学者はまるで成績が上がらない営業マンになるでしょうが，心理実践家の多くは，数多くの顧客を集める立派な営業マンでしょう。心理学者はウソのつけない人が多く，心理実践家は，ウソはつかないが本当のこともいわないという人が多いように思います。

　さて，みなさんが大学へ進み，もし心理学を専門的に学ぶとするならば，心理学者と心理実践家の両方の先生と接することになります（日本の多くの大学では心理実践家が大学教員として勤務しています）。心理学に限らず，大学の先生という人たちは個性のつよい人たちの集まりです。超変人から超凡人まで，あなたが接する先生はどのような人たちになるでしょうか。

コラム⑩　子育てと心理学

村山　綾

　現在3人の男の子を育てながら，心理学の研究に携わっています。この本を手に取るみなさんの中にも，将来子育てを経験する方がいるでしょう。自分が子育てをするにあたって，心理学を学んだことはたいへん役立っています。ここでは，生後間もない赤ちゃんと関わる中で，心理学的な知識（例えば，乳児の発達過程について）というよりは，心理学的な研究方法を学んだ経験がどのように役立ったのか，みなさんにご紹介します。

　生まれたばかりの赤ちゃんとは，言葉を使ったやりとりができません。赤ちゃんは，不快な状態を泣くことで表現しますが，当初はどのようなタイミングで泣き始めるのかがさっぱりわからず，泣き声が苦手な私にとってはたいへんストレスでした。しかし少しずつ，どういう時に泣くのか，そしてどうすれば泣き止むことが多いのかがわかってきました。これを繰り返していくうちに，赤ちゃんの一日の生活リズムを把握できました。そしてその生活リズムに基づく働きかけが，ストレスをぐっと減らしてくれました。

　この一連の流れは，実は心理学的な研究の流れや方法にとてもよく似ています。まず，赤ちゃんをよく観察します。観察していると，傾向が見えてきます。「お昼寝から起きて2時間後くらいによく泣くな」といったように。乳児が泣く時は，おなかがすいた時，眠たい時，おむつが濡れてしまった時，が多いです。それらのどれが，お昼寝から起きて2時間後くらいに泣くことと関係しているのでしょうか。しばらく試行錯誤をしていると，授乳で機嫌がよくなる場合が多いことがわかってきました。後は，この予測に基づいて行動してみます。お昼寝から起きて1時間半後に，授乳してみるのです。私は，実際にそれがうまく機能して，赤ちゃんが泣かずに過ごせたら，そしてそれが何度も成功したら，お昼寝から起きた1時間半後の授乳には，赤ちゃんに機嫌よくすごしてもらう効果がある，と結論づけました。このように，ある問題を解決するためにまずは対象を観察し，そこから1つの仮説を導き出し，その仮説を検証するという手続きは，まさに心理学の研究方法そのものなのです。

　心理学の研究法を学んでいる強みは，予測がはずれたときにも発揮されます。なぜなら，人を対象とした実験や調査の実施，データの分析経験を通して，われわれ人間の行動が，想定以外のさまざまな要因の影響を受けるということを理解しているからです。お昼寝から起きて1時間半後に授乳しても泣き始めてしまう場合は，別の可能性について考え，あれこれ試してみます。それでもだめなときはもうお手上げです。そんな時もあるさ，とやり過ごします。観察すること，仮説をたてること，その仮説を検証すること，そして，予測が外れた事実を受け入れられること。みなさんもぜひ，心理学の研究方法を学んで，子育てに活かしてみてください。

コラム⑪　当たり前の行動に意味を見つける

外山紀子

　心理学は心を研究する学問です。しかし、心を見ることはできません。そのため、心理学者は実験や調査、最近では脳機能計測といったさまざまな手法を用いて行動データを集め、そこから心を推し量ります。どういった手法をとるかは人によってさまざまで、実験が得意という人もいれば、大規模な質問紙調査を得意とする人もいるでしょう。

　私は観察が好きです。幼児を対象とした研究を行うことが多いので、保育園や幼稚園、家庭を訪問し、許可をいただければ行動をビデオに撮って、分析します（フィールド観察という）。どんな場面も興味深い観察の場となりますが、私は学生時代からこれまで、食事場面の観察を続けてきました。「子どもの食事」というと、「好き嫌い」や「マナー」を連想する人が多いようで、「好き嫌いの研究をしているんですか？」とよく聞かれますが、私がこれまで研究してきたのは、席とり（どんな着席位置を好むのか）、落ちた食べ物の扱い（落ちた食べ物はどういう場合に食べられ、どういう場合に食べられなくなるか）、母親の開口（子どもに食べさせる時、母親はなぜ自分では食べてもいないのに口を開けてしまうのか）など、一見無意味にみえる行動ばかりです。しかし実際に分析をしてみると、無意味に見える行動の意外な意味が浮かび上がってきます。

　例えば、席とり。昼ご飯仲間の確保は大学生にとって一大関心事ですが（ランチメイト症候群）、それは幼児にとっても同じです。気の早いことに、前日から「明日一緒に食べようね」と約束する子もいるほどです。では、幼児のいう「一緒に」はいったいどんな着席位置をさすのでしょう。同じテーブルに座ること？　隣りあわせ？　それとも対面？　大人の着席行動に関する欧米の研究では、親密な相手と食事する場合、大人は対面位置を好むことが示されています。親密なコミュニケーションには視線が重要だからというのです。しかし、園の食事場面を分析してみてわかったことは――。幼児の「一緒に」は隣りあわせを意味すること。カフェ、ファミリーレストランなどでも観察してみると、日本の場合、恋人も隣りあわせに座ることが意外に多いこと（たとえ対面が空席でも）、親子の場合、母親と子どもは隣りあわせ、その対面に父親が1人で座るというパターンが多いことなどです。幼児が隣りあわせを好む背景には、幼児期に特徴的な認知能力（自己と他者の視点を区別する難しさ）、仲間関係における着席位置のシンボル的意味もかかわっていました。

　心理学者の仕事は、当たり前のようにみえる行動に意味を見つけることだと思います。そのためには、当たり前を当たり前と思わないこと、「なぜ？」という疑問をもって注意深く観察することが重要なのです。この地道な作業を続けていくと、ある瞬間、ちょうど隠し絵から別の絵が見えてくるような驚きを味わうことができるかもしれません。これが、心理学研究の醍醐味なのです。

Chapter 6

心理学は科学なの，哲学なの，医学なの？

渡邊芳之

　高校生で心理学に興味をもったり，大学に行ったら心理学を勉強してみたいなあと思ったりする人の中には，心理学が大学の文系学部で勉強するもので，学問の分類の中でも「文系の学問」に含まれていることに，ちょっと変な感じを受ける人がいるかもしれません。臨床心理士やカウンセリングの仕事は文系の学問というより医学に近いもののように見えますし，心理学が動物実験をすると聞けば，それは生物学などの科学に近いもののように見えるかもしれません。

　国が文部科学省と学術振興会を通じて日本の学問研究に研究資金を配分する科学研究費の仕組みでは，さまざまな学問を「総合系」「人文社会系」「理工系」「生物系」の4つに大きく分類していますが，心理学はそのなかの人文社会系に入っています。つまり心理学は広い意味での「文系の学問」に属しているのが日本の現状といえます。

　しかし，心理学は他の文系の学問とは少し違う特徴をいくつももっており，私たち心理学者自身も，自分たちの学問が文学や歴史学，あるいは法学と同じような意味では「文系の学問」と思っていないところがあります。この章では，心理学のそうした特徴を「心理学は科学なの？」「心理学は哲学なの？」「心理学は医学なの？」という3つの問いを通じて考えていきたいと思います。

1　心理学は科学なの？

　みなさんがもっている心理学者のイメージに「白衣を着ている」というのはないでしょうか。そうしたイメージは「医師」のイメージとつながっている場合もありますが，「科学者」のイメージとのつ

ながりも強いと思います。さて、心理学者は科学者なのでしょうか、心理学は科学なのでしょうか。

1 科学とは何だろう

心理学が科学かどうかを考えるためには、まず「科学とは何か」ということを考えなければなりません。みなさんが「科学」という言葉からまずイメージするのは物理学、化学、生物学などの自然科学だろうと思います。「科学とは何か」という問いは、こうした自然科学がどのような特徴をもち、自然科学でない学問とどのように異なるのか、というところから答えられることがふつうです。

自然科学というものの特徴を一言でいうと「客観的なデータにもとづいて、何かが本当なのか、本当でないのかを明らかにする学問」ということができます。客観的なデータとは、誰の目にも見えて、繰り返し観察することができるようなデータのことをいいます。自然科学は観察や実験、調査などの方法を用いて、こうした客観的なデータを集め、それに基づいて自然のさまざまな姿について「本当だと確かめられる知識や法則」を見つけ出していきます。なかでも「実験して確かめる」という方法は自然科学の特徴を最もはっきりと示しているといえます（☞第4章）。

では、心理学は自然科学のような意味での科学なのでしょうか、科学ではないのでしょうか。その答えは「心理学の中には科学である部分と、科学でない部分との両方がある」ということになるでしょう。なんでそんな変な話になるのかというと、それはこの本の他の章でも繰り返し示されるように、心理学というものがたいへんに幅広いテーマをとりあつかっていることと関係しています。

2 実験する心理学

さきほど「実験で確かめる」というのが科学の特徴、ということを書きました。心理学の中で実験心理学といわれる分野では実験を行い、それによって得られた客観的なデータから人間や動物の行動

や心の働きについて研究をしています。実験心理学の1つの重要なテーマは人間の知覚や認知の働き，つまり私たちが自分の周囲の世界をどのようにとらえ，理解しているか，それが目や耳などの感覚受容器や神経，脳の働きとどのように関係しているかです。それらを解明するために，実験心理学者たちは複雑な実験装置を用いて高度な実験を繰り返し，知覚や認知の働きについての客観的なデータを得ています。

実験心理学のもう1つの重要なテーマが学習，つまり経験によって新しい行動を身につけたり，それまでの行動を変化させたりする仕組みです。学習についての研究は100年以上前から動物実験を用いて行われてきました。大規模な心理学科をもつ大学には必ず動物実験室があって，マウスやラット，ハトなどの動物が飼育されてきました。動物を使って学習を研究する手法は心理学が自ら編み出してきたものですが，現在ではそうした実験手法は家畜行動学のような動物科学や，行動薬理学など医学の分野でも広く活用されています。ここでも心理学が用いている研究方法は，明らかに科学です。実験心理学以外にも，社会心理学や進化心理学などの分野でも実験はさかんに行われていて，そうした方法を用いる心理学は「科学」ということができると思います。

3 心を測定して数字にする

実験を行わない心理学も，科学と深く結びついています。何かについての客観的なデータを得るために大きく役立つのが数字のデータを得ることです。心理学でも，人の心や行動について測定や計量を行なって，それらを数字で表すことで，科学的な研究を行うための客観的データを手に入れようとします。特に人の心，欲求，意識などは他人の目からは見ることのできないものですが，そうした目に見えない心の働きを測定して数字で表そうとすることを「心理学的測定」といいます。

知能の測定，性格の測定，学力の測定，意欲や意志の測定など，心

理学はさまざまな心の働きについて数字のデータを得ることができる心理学的測定の技法を編み出してきました。一般に心理テストとか心理検査といわれるもののほとんども，そうした心理学的測定の仲間です。心理学的測定によって心理学は人の心の働きについて数字による客観的なデータを得ることができ，そうしたデータを用いて人の心を科学的に研究してきたのです。

心理学が開発したこうした手続きは，心理学以外の文系の学問が科学的な研究方法を手に入れるのにも大きく貢献しました。教育学，社会学などが客観的なデータを手に入れるために用いている方法には心理学的測定が強い影響を与えていますし，最近では行動経済学などの分野でも心理学的な研究方法がさかんに用いられるようになっています。このように，心理学の中には科学的な手続きを通じて客観的なデータを得て，それを研究に用いている分野がたくさんあり，そうした心理学は少なくとも手続き的には「科学である」といえます。

4 科学でない心理学

それでは心理学はすべて科学なのかというと，それは必ずしもそうではありません。科学的な心理学がどちらかというとすべての人間にあてはまる一般法則や人間と動物に共通するような心や行動のしくみに興味をもつのに対し，心理学の中にはいまそこにいる1人の人間に関わり，その人を理解し，その人の人生を援助することを目的にする分野があります。そうした分野では誰の目にも見える，何度でも繰り返して観察できる客観的なデータは得にくいし，得る必要が小さい場合があります。

そうした分野の典型的なものが臨床心理学やカウンセリングです。臨床心理学ではクライエント（カウンセリングの対象になる人）の心の働きを共感的に理解することや，クライエントの主観を重視することが多いために，客観的で科学的なデータが必ずしも重視されないことがあります。大切なのは科学のように誰から見ても本当の

ことを見出すことではなく，ある個人にとって本当であることを見出し，それを理解することだからです。

臨床心理学以外でも，1人の個人の人生や，それをとりまく環境や文脈を理解しようとする傾向の強い心理学では，科学的な方法で客観的なデータを得ることよりも，個人の主観を共感的に捉えることが求められます。こうした心理学は科学でない部分を多くもち，それによって人の幸せに貢献しているのです（☞第4章）。

最近では臨床心理学にもエビデンス（科学的なデータ）が求められることが多くなってきてはいるものの，これからも心理学の中には科学である部分と科学でない部分が同居しつづけると思われます。研究テーマや目的によって科学にもなるし，科学でない学問にもなれる，それを研究者が自由に選択できる，というのが心理学の魅力である，ともいえます。

❷ 心理学は哲学なの？

日本の大学ではじめて心理学を専門に学ぶコースが作られたのは1904（明治37）年に当時の東京帝国大学文学部哲学科に「心理学専修」が作られた時です。日本の心理学教育は哲学科の一部としてスタートしたわけで，このことも心理学が「文系の学問」と位置づけられる理由の1つとなっています。それでは心理学は「哲学の一種」なのでしょうか。哲学と心理学との関係について少し考えてみましょう。

■ 1　知覚は哲学と心理学の共通テーマだった

心理学が19世紀末のスタート時点で「哲学の一種」とみなされたのは，初期の心理学のおもな研究テーマであった知覚が，心理学の誕生以前にはずっと哲学の研究テーマであったことと関係しています。

前にも述べたように，知覚とは私たちが目や耳などを通じて世界をとらえる働きのことをいいます。人間の知覚がどういう仕組みで

生じているのか，ということについてはそれこそソクラテスやプラトンの時代から多くの哲学者が頭を悩ませてきたことで，のちにはデカルトをはじめとする大陸合理主義の哲学者たちや，ロックやヒュームなどイギリス経験論の哲学者たち，フッサールなどの現象学者たちも，知覚の問題についての思索を発展させました。

そうした中で19世紀末に誕生した心理学は，哲学者たちを悩ませてきた知覚の仕組みを実験的に研究しようと考えました。ドイツのヴント（1832-1920）をはじめとする初期の心理学者には生理学や医学の教育を受けた人が多かったため，生理学の世界の科学的な研究方法が知覚の研究に取り入れられました。その結果，初期の心理学は「それまでは哲学の研究テーマだった問題について実験的に研究する」という意味で「実験哲学」とでもいえるものとして発展しました。

実験哲学としての心理学の成果はすぐに哲学にフィードバックされていきました。特に錯視（目の錯覚）についての研究は，知覚の内容が外の世界を常に正確に反映しているわけではないという事実を科学的なデータによって明らかにしたもので，知覚に関するその後の思索に大きな影響を与えました。このように，初期の心理学は哲学と同じテーマを追究していたのです。

2 学習も共通のテーマだった

初期の心理学のもう1つの主要な研究テーマであった学習も，哲学と共通の研究テーマの1つです。みなさんは高校の倫理や現代社会の授業で「タブラ・ラサ」という言葉を聞いたことはないでしょうか。これはロックが用いたとされる言葉で，人は生まれてくるときには白紙（タブラ・ラサ）のようなもので，生まれてからの経験によって認識や行動が作られてくる，というイギリス経験論哲学の基本となる考え方です。

では，生まれてからの経験はどのようにして人間に書き込まれ，認識や行動が作られていくのでしょうか。これは経験論哲学の大き

なテーマでしたが、19世紀から20世紀初頭にかけてのアメリカの心理学者たちは、この問題に実験という方法を用いて取り組みました。ソーンダイク（1874-1949）の「問題箱」は、中にある紐や鍵などを引くとふたの開く木製の箱の中にネコを入れ、ネコが試行錯誤を通じてふたの開け方を学習し、次に同じ箱に入れられた時には一瞬にして箱から出られるようになることを示しました。

同じ頃にロシアの生理学者パブロフ（1849-1936）がイヌを使って条件づけ（学習が生じるプロセス）の仕組みを明らかにすると（☞図4-4：57頁）、アメリカの心理学者たちはさっそくその知識も取り入れて、条件づけによる学習の枠組みから、人や動物が学習を通じて経験を取り入れていく仕組みを、実験的な方法で明らかにしていきました。ここでも心理学は哲学の問いに科学的に答えようとしたのです。

皮肉なことに、条件づけによる学習の理論と、それを科学的に明らかにする動物実験の方法は、心理学が哲学から離れて1つの学問として独り立ちする基盤を作りました。こうした実験的な心理学を「行動主義の心理学」といい、1970年代まで心理学を支配していました。行動主義の心理学は、心理学の中に科学的な方法を定着させることに大きな役割を果たしたといえます。

3 現代の哲学と心理学

このように心理学は初期の頃には哲学と研究テーマを共有していたことから、哲学と深い関係にありましたが、その後は哲学とは離れて心理学独自のテーマを追究するようになり、哲学との関係も薄くなったといえます。そういう意味では現在の心理学は哲学ではありませんので、「心理学は哲学なの？」という問いへの答えは「いいえ」でよいでしょう。

それでも心理学と哲学はいまだに多くのテーマを共有しており、特に知覚の問題はいまだに心理学と哲学の最近接領域ということができるでしょう。哲学のほうでも1990年代以降は「心の哲学」が発

展して，心理学や認知科学の最新の知識を取り入れながら，人間の心やその働きについて考える研究がさかんに行われています。

また，臨床心理学やカウンセリングが普及して，心理学に基づいたサービスが人の日常生活に大きな影響を与えるようになってくると，そのことと人間や社会との関係を哲学的に考えようとする哲学者も増えてきました。例えば哲学の一分野である倫理学では，カウンセリングによってマイナス思考からプラス思考へと人の「ものの考え方」を変化させ，それによって人を幸福にしようとすることが，「幸せになる薬」を飲ませるようなことと同じなのか違うのか，それは倫理的に正しいといえるのか，といったことが分析のテーマになっています。

哲学と心理学はそれぞれ独立に発展しながらも，お互いに大きく影響を与え合っているのが現状ですし，そうした関係はこれからも強くなることはあっても弱くなることはないのではないでしょうか。

❸ 心理学は医学なの？

この章で答えなければならない3つの問いのうち最後が「心理学は医学なの？」です。この問いには「医学」という言葉をどのようにとらえるかによって，いくつかの違った答えを考えることができます。

■ 1 心理学者は医者ではない

まず「医学」という言葉を「お医者さんの仕事」ととらえるならば，答えは簡単です。心理学者は医師ではなく，その意味で心理学は医学ではありません。とはいっても，世の中一般からはその区別はそれほど明確ではないようです。例えば「心の専門家」である臨床心理士の仕事（☞第2章）と「心のお医者さん」である精神科医の仕事を明確に区別することは，心理学や精神医学をある程度学んだ人でないと難しいのではないでしょうか。

精神科医と臨床心理士の一番大きな違いは医師免許があるかどう

かです。医師を名乗ることができるのは大学の医学部を卒業した上で医師国家試験に合格して医師免許を得た人だけです。臨床心理士は医師免許をもたないので，自分を「お医者さん」と呼ぶことはできません。また，日本の法律では医師以外は患者に薬を処方することができませんので，臨床心理士は患者やクライエントに薬を出すことができません。この2つは，法律に基づいた厳密な区別で，心理学者が医者でないことは法的にも確かです。

では医療現場で医師と臨床心理士はまったく違う仕事をしているのでしょうか。少なくとも精神神経科や心療内科など人の心に関わる医療の現場では，医師の仕事と臨床心理士の仕事はかなりの部分で重なっています。特に心理療法と呼ばれるケアを行なったり，生活技能訓練など心理学的な基盤をもつ援助を行なったりすることは精神科医や精神科看護師と臨床心理士の共通の仕事になっており，現場でも共同作業が行われる場合が多いと思います。法的・制度的な区別はともかく，現場での心理学と医学の重なりはかなり大きいということができますし，国家資格としての公認心理師が実現したため，その連携はますます強まると思われます（☞第2章）。

2 医学の知識と心理学

医学という言葉の意味を医者の仕事だけでなく「人の身体的・精神的健康の増進や病気の治療に役立つ知識や技術」まで拡げると，心理学と医学の関係はますます強くなります。

お医者さんが患者の治療やケアのために用いている知識や技術の中にはもともと心理学から出てきたものがいくつもあります。精神神経科や心療内科など「心の医療」であればそれは当然ですが，そうした領域以外でも心理学の知識は医学に広く活かされています。産婦人科のお医者さんが新生児のお母さんに教える子どもの発達や育児に関する知識のかなりの部分は発達心理学によって得られたものですし，高齢者の医療を行うときに前提になる高齢者の心理や行動の知識も心理学が明らかにしてきたことです。

お医者さんが医療を行う基礎になる，医学の基礎研究にも，心理学はいろいろな面で貢献しています。人の精神的健康について科学的な研究を行おうとするときには，精神的健康という目に見えないものについての客観的データを得なければなりません。そうしたときに用いられるのが前にも述べた心理学的測定の技術です。

また基礎医学の一分野である行動薬理学では，心理学が条件づけによる学習を研究するために編み出した動物実験の方法を，薬が人の行動に与える影響を研究するために活用しており，大学で心理学を学んだ人が製薬会社で動物実験を行なっていたりします。このように，心理学と医学は別のものではありますが，2つの学問や専門のあいだには深い関係があり，常に協力し合っているのです。

3　心理学と他の学問との関係

この章では心理学と科学の関係，心理学と哲学の関係，心理学と医学との関係について考えましたが，心理学と他の学問との関係は，教育学，社会学のような比較的近い領域にはとどまらず，生物学や遺伝学，数学や統計学，工学などさまざまな学問に拡がります。そのため，現代の心理学を深く理解するためには文系の領域だけでなく，理系の領域についても幅広い知識をもっていることが必要です。大学で心理学を学ぼうと思うのであれば，受験に必要な文系科目だけでなく数学や理科についてもしっかりと勉強をしておくことが，後で必ず役に立つと思います（☞コラム①：14頁）。

コラム⑫　子どもの食

根ヶ山光一

　テレビをつけるとグルメ番組が目白押しで、いまや世はあげて食ブームです。だから食の問題を心理学から考えるといえば、みなさんは味覚とか好き嫌いとかを連想されるかもしれません。あるいは食のトラブルとしての拒食症といった言葉を知っている人もいるでしょう。むしろ学問としての食は、家政学部の栄養や調理の問題だと思っておられるかもしれません。でも生活することを俗に「寝食」と表現するように、心理学において食はもっと豊かで多様な世界です。なんといってもそれは私たちの生の原点なのですから。

　子どもの食の出発点はいつでしょう？　初めて離乳食を食べたとき？　いえいえ。では、初めておっぱいを飲んだとき？　これもちがいます。正解は、母親のお腹の中にいるときからです。つまり、その出発点には胎盤栄養ということが関わっています。それは実は、母乳哺育も含めて、子どもの食にお母さんの身体が深く関わっていることを意味しています。もう少し正確に表現すると、食によってお母さんに取り込まれた栄養が、その身体内で形を変えて子どもに渡されるのです。こういうとなんだか、心の学問としての心理学と別世界の話みたいですね。

　とはいえ子どもはいつまでもお母さんに頼っているわけにいきませんから、子どもの成長に伴ってお母さんへの依存を脱していきます。それは、母親と子どもの関係の変化や自立の問題に他なりません。そのような変化は、母子のどちらがきっかけを作り、どちらがそれに応じるのでしょうか？　あるいは、あえて応じないで抵抗することはないのでしょうか？　栄養と身体の話かと思っていた食は、ここにいたって母子の距離感や依存・独立という心理学の話であったことがわかります。というより、心は体と不可分に結びついており、心理学だからといって心の学問としておさまっていることはできないのです。

　子どもは全身全霊を使って養育者から資源を引き出して自分の生存を確保しようとするたくましい存在で、そのことは食においても例外ではありません。子どもは、ほしいものをほしいだけ、食べたい食べ方で好きに食べようとするもので、他方養育者は、食べるべきものを食べるべき食べ方で正しく食べさせたがる存在です。しかも子どもは動物として、その食の要求の強さは半端ではありません。だから、養育者と子どもは食を巡って激しく対立する関係にもあります。食とは親子間の協力・対立・拒否・依頼・要求・妥協・交渉などさまざまなコミュニケーションの源泉なのです。

　そういう身体寄りのところが扱いにくいためか、食は心理学においてはこれまであまりメジャーなテーマとされてきませんでしたが、実はとても重要な話題なのです。今後世界は人口爆発と食糧難で、食べるということへの関心が高まることは間違いありません。みなさんのような若くてみずみずしい感性で、ぜひこの大事な食への心理学的関心を育んでいってください。

コラム⑬　炎の魔力

今田純雄

冬の寒い日に，枯れ木を集め，たき火をしました。火に勢いがついてくると，次々と木材を放り込みたくなります。燃え上がる炎には人を魅了する力があるようです。

都会に住んでいる人はスキー場のロッジを思い出してください。薪ストーブで薪を焚きつけているところがありますね。暖をとりながら炎を見ていると時間の経つのも忘れてしまいます。炎にこころを奪われるのはどうしてでしょう？

ランガムという人類学者が面白いことをいっています。ヒトは火を用いることによりヒトになった，と。火を用いた調理によって脳がおおきくなり，小顔になり，他の動物にはみられない文化，文明をもつようになったと説明しました。

どういうことでしょうか。ヒトは雑食動物です。しかし，加熱調理をしていない生の植物や生の動物の肉は，咀嚼をするだけでも長い時間がかかります。その為のエネルギー消費もばかにできません。さらに，あごの筋肉も酷使します。そのようにして苦労して咀嚼し，嚥下しても，生のままですと，栄養分は十分に吸収されません。

ところが食材に火を通すと，咀嚼は容易になり，身体に入ってからの食物の消化・吸収もすみやかに行われるようになります。あごを動かす筋肉を鍛える必要がなくなり，消化吸収器官も短くてすみます。

強力なあごを作り出す必要がなくなると，顔の骨格は脳の発達を促進させるようになり，ヒトを，あごの小さい小顔で，脳容量の大きいヒトへと進化させていったのです。それまでの咀嚼に要した時間（ゾウや牛などの草食動物を思い出してください。起きている時間の大半は咀嚼に費やしています）が大幅に短縮され，その結果生じた余剰時間が文化・文明を生み出す素地をつくりだした，と説明しました。図式化すると，加熱調理 ➡ 脳の発達＋余剰時間 ➡ 文化・文明ということになります。

ランガムによれば，現生人類（ホモ・サピエンス）は炎と加熱調理によって生み出されたということになります。もしかすると炎の魔力はそのような人類の起源に根ざしているものなのかもしれませんね。

Chapter 7
心理学を学ぶとどうなるの？
心理学が目指す人間像

中西大輔

　心理学を学ぶ理由って何でしょう？　心理学を学ぶとどんなよいことがあるのでしょうか？　この章ではそんなことを考えていきたいと思います。

❶ 人助けができる？

　助けられる人とそうでない人がいる，むしろ迷惑になることもある，というのがこの問いに対する答えです。

　みなさんが心理学に興味をもった理由は何でしょう？　心理カウンセラーになりたいから？　では，なぜ心理カウンセラーになりたいと思ったのでしょうか？　人助けができる仕事は世の中にたくさんあります。人の役に立たない仕事というのは世の中にはほとんど存在しません。仕事というのは対価を得るために行うものです。もちろん「自己実現のため」という意見もあるでしょうけれど，悲しいことに私たちはお金がなければ生活できません。武士は食わねど高楊枝というわけにはいかないのです。お金をもらうということは，お金を払ってもその仕事を必要とする人がいるということです。医者も，店員も，教師も，プログラマーも，誰かの役に立つことをして，お金をもらっています。お金がもらえるということは，「そのお金を払ってもよい」という人がいるということですから，必ず誰かの役には立っているのです。

　心理カウンセラーになりたいと考える方は，その仕事を通じて人の役に立ちたいということだと思います。なぜカウンセラーという仕事を通じて人の役に立ちたいと考えたのでしょうか。そのことは一度立ち止まって考える必要があるように思います。もちろん，カ

ウンセラーという職業は現代日本にはなくてはならない存在になりました。しかし、このことは必ずしもよいことばかりとはいえません。

なぜよいことばかりではないのかといえば、心理カウンセラーが必要な社会というのはストレスが過重な社会ということだからです。また、心理カウンセラーによる介入が行われるということは、場合によっては本来の問題解決を先送りしたり、見えなくしたりする危険もはらんでいるということもあります。なぜでしょう？

例えば、飢えで苦しんでいる人に必要なものは何でしょう？ そうです、ご飯やパンや温かいスープです。飢えで苦しんでいる人に心理カウンセリングを行なっても仕方がありません。馬鹿馬鹿しいと思うかもしれませんが、これは極端な話だとしても、そういった問題は心理カウンセリングを重視する社会では常に起こりうる問題です。

例えばひどい災害に見舞われた場合、「心のケアが必要だ」という論調がいろいろなところから出てきます。家を失い、家族を失い、食べるものが十分にない状況で、まっさきに「心のケア」の問題が出てくるというのは、私はおかしな話だと思います。もちろん生活環境が一変するわけですから、そうした場合に心理的な問題が出てくるというのはもっともなことで、心理カウンセラーが活躍できる場面というのは多いでしょう。でも、災害に見舞われた時に一番必要なのは、生活を立て直して日常に回帰できる手助けをすることです。暖かい毛布、ご飯、人の目を気にしないで寝起きできる住居が必要です。小さな子どもがいる場合には、おむつも必要ですし、ミルクがなければたいへんです。心理カウンセリングはミルクの代わりには決してならないということはよく考えておく必要があります。

そういう意味で、困った時にまず必要なのは物質的な援助です。心理学を学ぶということは、心の問題に関心をもつということですが、そういうことを忘れないようにしてください。東日本大震災の

時には避難所に「心理カウンセラーお断り」の張り紙が貼られたという情報がインターネット上で流れたこともあります（真偽のほどはわかりませんが、そういう話が出てくるということは、心のケアを重視する社会の問題を示していると思います）。心理学を志す人にはぜひ思い返してもらいたい問題です。

そういった問題を考慮した上で、物質的に満たされている状況で、あるいは、物理的には解決できない問題（近しい人を事故などで喪失したといった問題）がある状況で、心理カウンセラーが必要になる場面が出てくるかもしれません。そうした場面ではじめてみなさんが考えているような「活躍」ができるということを忘れないようにしてください。

心理学を学び、心理カウンセラーになることで救える人がいるという一方で、問題が見えなくなってしまう（パンが必要なのに心理カウンセリングをしてしまう）危険性があるのです。

さて、この本を手に取った方の中には必ずしも心理カウンセラーになりたいわけではない人もいるでしょう。また、心理カウンセラーに興味があって心理学科に進学しても、ほとんどの学生はそれとは関係のない仕事に就きます。そういう人にとって心理学を学ぶことの意義は何でしょうか？ 第4章で見たように心理学にはさまざまな分野があり、ほとんどは臨床とは関係のないことを研究しています。心理カウンセラーにならないとしたら、どんなよいことがあるのか、それを考えていきたいと思います

❷ 他人の心がよくわかる？

特定の個人の心がよくわかるかどうかという問いなら、答えはNo です。

心理学を学ぶことで人の心がよくわかるようになって、幸せな生活を送ることができるという可能性について考えてみましょう。このことについてまず気をつけなければいけないことは、心理学者が考える「心」と、ふつうの人が考える「心」という言葉には随分と

ズレがあるということです。

　心理学者にとって心とは，観察可能な行動のことをいいます。例えば不安という心理的な概念を心理学者はどう扱うかといえば，最も簡単なのは言語報告です。不安についての心理尺度を開発して，その尺度への回答からその人の現在の不安傾向（状態不安）や不安になりやすい性格傾向（特性不安）を測定します。しかし，言語報告には限界があります。不安だと思っていても不安だとは報告しないかもしれません。人間は強がったり，嘘を言ったりするからです。そこで生理的な指標もあわせて取ります。脳波やfMRIといった指標を用いる場合もあります。そのようにして，「心」という概念を客観的に比較可能な数値データにした上で，さまざまな検討を行います（☞第6章）。

　ところが一般の人々の心に対する考え方はどうでしょう？　心理学者にとって心とは目に見える形にしたデータですが，一般の方々にとっては「目に見えない何か」です。「人の心がよくわかる」という場合の心とは，言葉や外見からは窺い知ることができないその人の「本当の心」がわかるという感じでしょうか。例えば自分の好きな異性がどんなことを考えているかわかれば，その人にアプローチするのに役に立ちます。ところが，何のデータもなしに心理学者がある人が「今何を考えているか」を知る術はありません。まさかその異性に「あなたは僕のことが好きですか？」などという質問をするなんて無粋な真似はできませんし，「ちょっと電極をつけてデータを取ってもいいですか？」なんてお願いをすることもできません。

　もちろん，ちょっとしたしぐさからその人のことがわかるということはあるかもしれません。しかし，心理学を学ぶとそういうことがわかるようになるかといえば，これは絶望的です。多くの心理学者にとって，重要なのはデータの集合です。特定の個人ではないのです。「話している途中に髪をなでるしぐさは話に興味がない証拠」なんて話でも，今まさに目の前にいるこの子がそうだとはいえないわけです。平均すれば，そういう傾向があるということで，すべて

がそうとは言い切れません。しかし、ふつうの人にとって一番大事なのは「今この子が何を考えているか」という個別の事例です。多くの心理学者にとって重要なのは集められたデータであって、特定個人のデータではないのです。

　もちろん、どういうときにどんなことをすれば平均してうまくいくかはある程度提案できるかもしれません。落ち込んでいるときに手を差し伸べると好意度が増すとか、好意には好意で返す傾向があるとか、どきどきしているときは恋に落ちやすいとか、そういった一般的な法則については心理学者は何かをいえるかもしれません。

　しかし、そうした知識を学ぶことと、実際に人間関係を円滑にして世の中で成功することとの間には随分と距離があります。例えば、第1章でも書きましたが、自動車の整備士にサーキットを走らせても、ふつうの人より速く走らせることができるわけではないのです。だから、心理学を学んだからといって他の人との関係がうまくいくわけではありません。

　自動車を速く走らせるには必ずしも自動車の仕組みについて詳しい必要はないし、人間関係を円滑にするためには必ずしも人の心理メカニズムについて詳しい必要はありません。また、逆に自動車の仕組みについて詳しかったら自動車を速く走らせられるわけではないし、人の心理メカニズムに詳しくなったからといって他人との関係がうまくいくわけではないのです。

❸ 幸せになれる？

　心理学を学んだからといって幸せになれるとは限りません。上で書いたように、必ずしも心理学を学んだからといって特定の人の心がわかるようになるわけではないし、一般的な人の心理メカニズムについて詳しくなることは必ずしも直接日常生活に役に立つわけではありません。つまり、「幸せになる道具」として心理学を選ぶのは間違いだということです。

　もし、心理学を学べば幸せになれるとしたら、私たち心理学者は

みんな幸せになっているはずですが，周囲の心理学者を見渡してもふつうの人々とほとんど変わりません。心理学者も振られるし，家族関係の問題を抱えている心理学者もたくさんいます。精神的な問題に悩んでいる者もいます。心理学の知識を活かした仕事というのは世の中にそれほどたくさんあるわけではなく，カウンセラーもパートタイムや任期が限られた仕事が多いので，心理学の世界で食べていくのはたいへんです。幸せになる方法をよく知っている人なら，心理学の道は選ばないでしょう。専門的に学ぶためには大学院に進学する必要がありますが，進学したからといって仕事があるわけではありません。みんな辛い思いをして研究をしているし，いろいろな問題を抱えながらがんばっています。

しかし悪いことばかりではありません。心理学を学ぶといろいろな物事を相対的に見ることができるようになります。「相対的に見る」というのは，自分自身に関することでも，まるで他人が自分を見るように冷静に見られるようになるということです。もちろんそうでないこともありますが，心理学を学んでいない人に比べると，そういうことは心理学者は得意です。何かに腹を立てても「なんでいま自分はこんなに腹が立っているのか」と考えることができるし，他人と自分の意見が対立したときに，なぜ自分はこの立場をとっているのかを客観的に理解しやすくなります。

家族から「あなたはなぜ自分のことなのに他人事のようにしゃべるのか」と言われたことがありますが，そう言われて，自分は最も関与しなければいけない自分のことについても，あたかも他人のことのように見ているんだなあと自覚したことがあります。これにはよい面と悪い面がありますが，さまざまな問題を相対的に見られるということは，アツくならずに冷静に物事を判断する上でとても役に立ちます。

❹ データを正しく読める

心理学の主流は一種のデータサイエンスです。心理学科では，仮

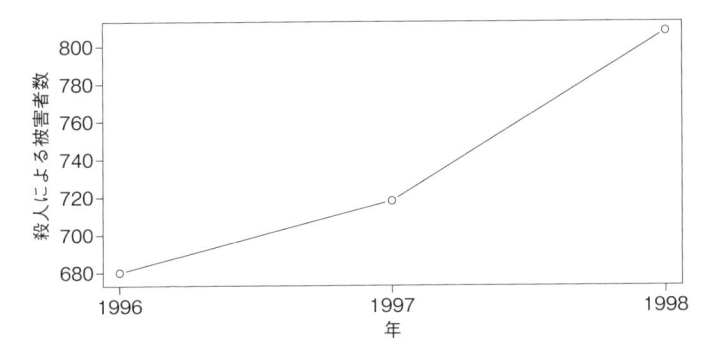

図 7-1 1996 年から 1998 年の他殺被害者の推移

説を立てて，その仮説が正しいかどうかを確認するための実験や調査をして，データを分析する一連の過程を学びます。また，他の研究者によって書かれた論文を読み，その内容を参考にしたり，評価したりします。こうしたプロセスは，データを正しく読み取る能力を鍛える上でとても役に立ちます。例えば図 7-1 のようなグラフを見てください。厚生労働省の国民動態調査から筆者が抜き出してきたもので，（2015 年時点で）高校 3 年生のみなさんが生まれた頃の他殺による被害者数データです。こうしたデータはインターネット上に無料で公開されています。

このデータを見ると，あたかも，犯罪が急増しているかのように見えます。1996 年には他殺の被害者数は 680 名でしたが，1998 年には 808 名になっています。100 名以上の増加です。いったいこの頃に何があったのでしょう？

しかし，その「急増」の原因について考える前に，縦軸に注目してみてください。最小値が 0 になっていません。次に横軸に注目してください。たった 3 年間のデータしかありません。この前後はどうだったのでしょう？　これを次のように見せてみると……。

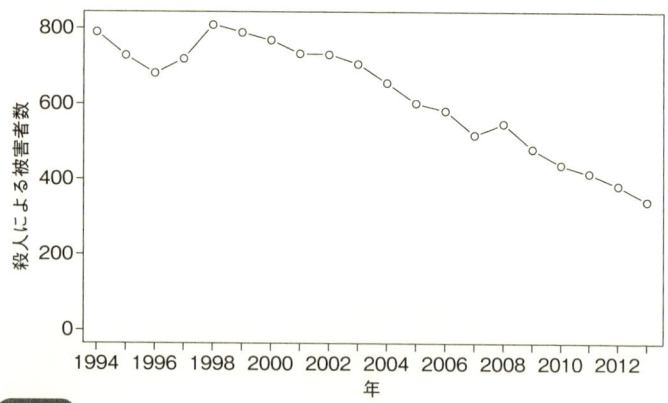

106　第7章　心理学を学ぶとどうなるの？

図 7-2 1994 年から 2013 年の他殺被害者の推移

　急増していたと思われた他殺の被害者数は，確実に減少傾向にあることがわかります。先ほど紹介した 1996 年から 1998 年の間は微増していることがわかりますが，全体的な傾向としては減少しています。しかし，この値は実数ですから，本来は全死亡者数に占める割合を見なければいけません。全体的に死亡者数が減っているのかもしれないのです。そこで，全死亡者のうち，他殺によって亡くなった方の数の比率の推移を見てみましょう。

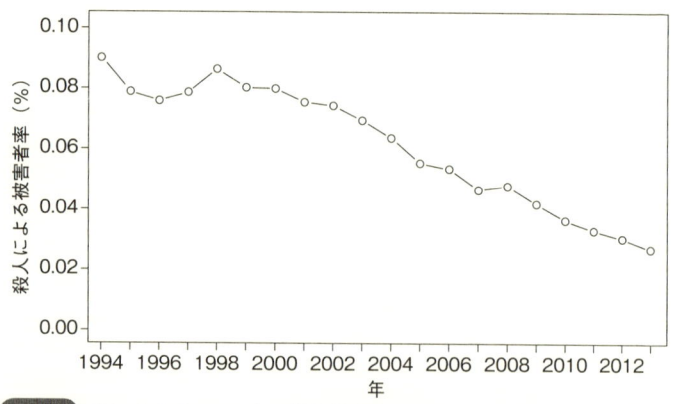

図 7-3 1994 年から 2013 年の他殺被害者の推移（全死亡者に占める率）

図7-3に示したのが，殺人による死亡者率のデータです。やはり，他殺によって亡くなる方というのは年々減少しているようです。

マスコミ報道などでは，センセーショナルな報道をしたいので，あたかも増えていないデータを増えているように見せるためにゆがんだデータ提示の仕方をすることがあります。あるいは，データの見せ方についてきちんとした訓練を受けていないために，気づかずにそうした提示の仕方をしてしまっているのかもしれません。

心理学を学べばデータを正しく解釈する態度が身につきます。グラフや表があっても，そのデータを正しく読み取るのには一定の訓練が必要なのです。

また，相関と因果の違いを理解できるようになることもとても重要です。例えば，以下のデータは2012年のヨーロッパにおける人口密度と出生率についてのデータです。1つの○が1つの国のデータを示しています。2014年10月29日に日本経済新聞で報道されたもので，ここから「人口密度が高い地域は出生率も高いという緩やかな相関を示す」と結論づけられていました。本当でしょうか？

このデータを見る限り，人口密度と出生率の間には相関があるようには見えません（実際に計算をしてみると関係の強さを示す相関係数――－1から＋1まで分布する値で絶対値が高いほど関連が

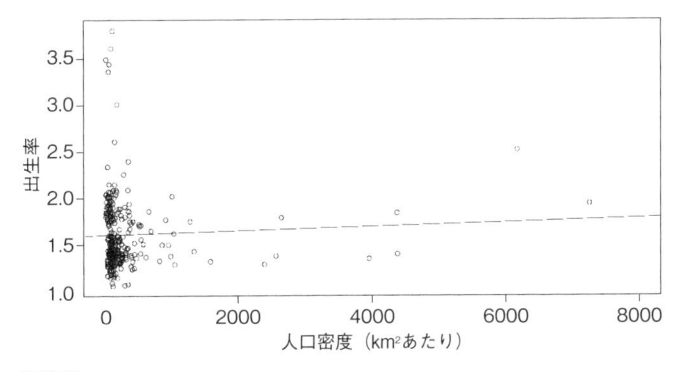

図7-4 人口密度と出生率（奥村晴彦 三重大学作成のRスクリプトより描画）

強い——は 0.04 で，ほとんど 0 でした）。あまりに強引な結論です。また，「人口密度が高いほど出生率が高い」という記述があっても，必ずしも人口密度の高さが出生率の高さの「原因」であるとは限りません。逆に，出生率が高いから人口密度が高くなったのかもしれないのです。どちらが原因でどちらが結果かは調査データからでは簡単に推論することはできません。そのため，心理学では原因と考えられる要因を研究者側が操作して因果関係を同定しようとします。

　また，データにはばらつきがあることを理解することができるようになります。例えば，「親の収入が高いほど子の偏差値が高くなる」というデータがあったとしましょう。この場合，「子の偏差値が高いと親の収入が高くなる」という因果は論理的には考えにくいので，親の収入を子の偏差値の「原因」として考えるのはそれほど悪い推論ではありません。しかし，こうしたデータを示すと「誰々さんの家はとても金持ちだが，あそこの息子は勉強ができない。収入が高いからといって子どもの成績がよくなるわけではない」という反論がされることがあります。

　しかし，このような「すべてがそうではない」という反論は，常に正しいのです。また，それと同時に，常に意味がない反論なのです。社会現象の多くは，データにばらつきがあるからです。このことは心理学の調査や実験を経験していればすぐに理解することができます。心理学ではあくまで代表値（平均値や中央値などのデータを集約した値）で考えますから，例外は常に存在するのです。データがばらついていることを理解することはとても大事なことです。

　このように，データを読み取ることは実はそれほど簡単ではないし，一定の訓練を受けていなければ案外簡単にだまされてしまう危険があるのです。知的な水準が高いと思われる方でも，あっさりとこうしたわなに引っかかっている様子をインターネット上では頻繁に目にします。そのたびに，「こういう人でもだまされてしまうのか」と驚くのですが，それだけデータを読むことは簡単ではないということなのでしょう。

5 実験や調査を企画し，データを分析できる

　心理学科を目指している方のほとんどは想像できないかもしれませんが，心理学を学んで最も重宝するのは，データの扱いに慣れるということです。データを正しく読み取れるようになるという話は先ほどしましたが，卒業論文では自分で実験や調査を企画してデータを取って論文を書かなければいけませんから，自分がデータを使った調査の主体になる能力が身につきます。

　でも，別に研究者になるわけではないからそんな能力は役に立たないとお考えですか？　そんなことはありません。どんな職場にでもデータは転がっています。何かを売る仕事なら売上データがあるでしょう。サービスを提供する仕事なら，どのサービスがどの程度使われていて，その推移がどうなっているかのデータがあるでしょう。教育現場では生徒や学生の成績データがあるでしょう。しかも，それらのデータは，必ず業務を改善するために役立てることができます。

　分析には必ずしも高価なソフトウェアは必要ありません。近年ではRという誰でもフリーで使える信頼性の高いフリーウェア（http://www.r-project.org/）がありますし，もっと操作が簡単なHADというExcelで使えるマクロ（http://norimune.net/had）も存在します。これらのプログラムの親切な解説もインターネット上で見つけることができます。

　以前のように何十万円もするソフトウェアを買う必要はないのです。しかし，心理学を専攻している学生に聞いても，自分たちがデータ分析をできるということを就職活動の時にアピールする学生はあまりいないようです。これはとてももったいないことです。心理学の理論よりも，データ分析の技術の方がよほど社会では歓迎されるのに，です。

　そういう意味で，心理学科ではぜひ統計学やコンピュータを使ったデータ分析の授業をできるだけ多く履修するようにしたほうがよ

6 企画書や報告書を書くことができる

今，大学の多くの学科で卒業論文が必修でないところが増えてきました。それでも，心理学科では多くの場合卒業論文が必修です。実験や調査を企画し，データを取り，取ったデータを分析して考察を行うという一連の作業を心理学科では訓練し，その集大成を卒業論文として披露するのです。

こうした訓練は，自分が仕事に就いてから必ず役に立ちます。上司から指示されたことだけをやる仕事であればあまり必要がないかもしれませんが，ある程度主導的な立場になると職場で新たな企画を立てて，それに予算をつけてもらうという段取りが必要になってきます。そこで必ず必要になるのが文書です。文書を作成する際には，なぜその企画を通すことがその会社のためになるのか，データ（あるいは理論的な考察）に基づいて説得しなければなりません。これは心理学科で卒業論文を書くときと基本的に同じ頭の使い方です。

あるいは自分の行なってきた業務について報告書を書くことも重要になってきます。自分の仕事をアピールするよい機会ですが，このチャンスを活かすことができるかどうかは文書作成能力にかかっています。心理学科ではたいてい卒業論文だけではなく，1年生や2年生でも実験レポートの提出が必要になることが多くなっています。実験レポートを書いた経験がなければ最終的に卒業論文を書くことが難しいからです。このような経験は問題の重要性を他者に伝えたり，自分の出した結果をアピールする上で必ず役に立つでしょう。

7 まとめ

心理学を学ぶ意義はこのように多様なのですが，実際には高校生や一般の方々に十分理解されていません。心理学が十分に理解さ

れていないことを私たち心理学者は残念に思いますが，一方で日本全国の心理学科の多くが学生募集の際にはそうした（誤解の上に成立した）イメージを積極的に活用して受験生集めをしているという実情もあります。多くの私立大学では臨床心理学が学べることをアピールしており，いまや臨床心理学が心理学科の中心となっている大学も多くなってきました。このような実情は心理学の幅広い可能性を考えると必ずしも望ましいことではありません。心理学はデータサイエンスの一種であるということを考えると，私たちはもっと理系の受験生にも心理学科を受験してもらいたいと考えていますし，心理学は文系で人の心の悩みを解決する学問だというアピールだけをしていては十分ではないと考えています。ぜひ理系志向の方にも心理学に興味をもっていただきたいと思います。

コラム⑭　ビジネスにも役立つ心理学

戸梶亜紀彦

　心理学というと，世間的には精神疾患やストレスによる諸症状などといったわれわれの心の問題を解決する学問というイメージが強いようです。しかし，よく売れるヒット商品や繁盛する店といった消費者の購買行動やマーケティングに関すること，さらには会社組織のマネジメントやリーダーシップといった事柄も心理学が扱っている領域です。ビジネスの世界では，経営学や経済学が仕事に関連した学問領域として広く認知されていますが，実は，そこで扱われている内容の基礎となっている理論や考え方が，心理学領域での研究に基づいたものが多いのです。

　例えば，「季節限定商品」や「一日限定10食」などという表示を目にすると，他と比較した際にそれを購入しておこうか，食べてみようかという気持ちになる人が多いと思います。なぜ，そう思ってしまうのでしょうか。それは，いつでも自由にものが手に入る状態を望ましいと感じる性質が人間にはあるからだと心理学ではいわれています。つまり，「限定」「残りわずか」などという制限を受けることはそれを手に入れる自由が奪われてしまう可能性を示していることになるため，われわれは対象のものを手に入れてその自由を確保しようとしたくなるというメカニズムが働くからだとされています。この自由が奪われてしまうという気持ちは心理的リアクタンス（抵抗感）と呼ばれており，この抵抗感を感じると対象のものを確保して，その抵抗感をなくそうという気持ちが出てくるのです。

　また，組織やグループのメンバーに対するマネジメントにおいては，仕事に対する成熟度の異なるメンバーに対して，同じかかわり方をしていては，メンバーのやる気を引き出すどころか，やる気をなくさせてしまうこともあります。この場合，メンバーの成熟度に合わせたかかわり方についての理論があります。例えば，新人の場合には，あれこれと指示を出して動かすようなかかわり方であれば，仕事がスムーズに進みやすく，さらに仕事を覚えていくことができるでしょう。それに対して，自立的に仕事をこなすことのできるベテランには一定の仕事を任せてしまった方が，本人たちもやりがいをもてるはずです。このように，相手の状況（成熟度）に合わせたリーダーシップのあり方についての理論をSL理論（状況的リーダーシップ理論）といいます。

　これらの例は，心理学の知見のほんの一部です。ビジネスの現場でも，これらのことは経験則によってある程度の対応が行われています。しかしながら，経験やカンによって上手くいくこともあるかもしれませんが，そのようなやり方では，なぜそのように対応することが上手くいくのかといった説明ができず，他者に教えたり，共有したりすることが難しくなってしまいます。こうしたことを理論的に説明し，さらには改良し多方面に応用していくためにも，心理学は有効な学問です。

　心理学は，われわれ人間のあらゆる

営み（行動）についての研究を行う学問です。そのため、社会人の方も心理学の内容について知っていて損はないというだけでなく、知っている方が何かとメリットがあるはずです。

コラム⑮　心理学は性理学？

今田純雄

　心理学は、他の多くの学問同様に、明治期に西洋からやってきました。

　現在の私たちは、自由、権利、人権、社会さらに恋愛といった言葉を当たり前のように使います。これらの言葉は、西洋から移入された概念や思想を表記するために、幕末から明治期にかけて作られた造語です。例えば romantic love という概念にふさわしい日本語は、当時の日本にはありませんでした。そこで昔から日本で使われてきた恋という言葉と愛という言葉をくっつけて恋愛という新しい言葉をつくりました[1]。

　心理学という言葉は「心理学」を翻訳する際に、西周によりつくられた言葉です。当初は性理学という言葉が充てられていました。人間の「性」に関する「理」の学問としてスタートしたのです。西周は、哲学という言葉そのものもそうですが、主観、客観、概念、観念、理性、悟性、感性、演繹、帰納、定義、命題、実体、属性など多くの哲学用語も翻訳語として造語しました。これらの言葉は現在の心理学においても当たり前のように用いられています。

　私たちは、翻訳を通じて、西洋的なものの考え方を取り込んできました。個人の権利を重視し、不当に拘束されると自由が侵害されたと感じます。家族の中にあっても「私」と「あなた」を区別します。きょうだいがいる人であれば、長男が大事にされるといきどおり、末っ子が甘やかされると嫉妬するのではないでしょうか。こういった感じ方、気持ちの基礎には西洋的なものの考え方や感じ方があるといえるでしょう。一方で、私たちの「身体」の中には、日本的といえる考え方、感じ方もしっかりと残っています。心理学は西洋の哲学にその足場をおく学問として生まれ、これまで発展してきました。その心理学に、東洋にあって、1000年を超える歴史と伝統、文化をもつ日本の研究者が積極的に参加し始めています。これからの心理学は、西洋＋東洋の「こころの学問」としてさらに発展していくことでしょう。

---

1) 柳父　章 (1982). 翻訳語成立事情　岩波書店

Chapter 8
心理学を学ぶにはどうしたらいいの

今田純雄

１ つながっている

　筆者は授業を定刻ぴったりに始めます。教室には授業開始の10分前には来ていますが，すでにかなりの学生が席に着いています。教室内をブラブラすると，半数の学生はスマートフォンを操作しています。会話を楽しんでいる学生たちもいますが，スマートフォンを操作しながらおしゃべりをしている学生たちもいます。

　スマートフォンで何をしているのでしょうか？　ゲームを楽しんでいる学生もいます。が，ライン（LINE）[1]が多いようです。「教室に入ったよ」「間に合ってよかったね」といったやりとりをしているようです。

　90分連続の授業はキツイ！という声を受けて，授業の半ばで数分の休憩を入れています。当初は伸びをしたり，トイレにいったりするだろうと考えていたのですが，再びスマートフォンの登場です。「お昼，どうする？」「今日の授業，面白くない」といったやりとりをしているようです。

　スマートフォンとインターネット。この２つで現在の大学生たちの生活は成り立っているようです。一日24時間，日本国内のみならず世界のどこにいても「つながっている」のが現在の私たちの生活といえます。

　さて1990年，筆者はアメリカへ向かい，フィラデルフィアにある

---

[1] iPhoneやAndroid端末といったスマートフォンやタブレットなどにインストールして使用する無料のアプリで，このアプリをインストールした端末同士では，無料で電話とチャットが使える。

ペンシルバニア大学にしばらく滞在しました。教授らとミーティングの最中に，ある研究者の論文が話題になりました。図書館にあるかもしれない，調べてみようということになった時，当時ポスドク[2]だったジョン[3]が，教授の部屋にあったコンピュータを叩いて図書館のデータベースにアクセスしました。ジョンは，「この論文は図書館に所蔵されている。さらに関連する論文が他にもいくつもある」と言いました。

今となれば当たり前のことですが，この時の驚きは言葉になりませんでした。図書館に行かずとも，探している書籍や論文の検索が簡単にできる！とまさに驚異でした。1990年のことです。

1991年に日本に戻りました。1990年代の前半，日本の大学においてはまだまだインターネットは日常的なものではありませんでした。筆者の場合，運よくネットワーク通信を専門とする先生が学内におり，電話回線を介してインターネット接続をすることができました。おかげで，アメリカ滞在中に始めた日米共同研究は，電子メールという「最新の」通信手段によって効率よく継続させていくことができました。

2015年の現在，インターネットを利用しない研究活動はありえません。研究に必要な論文を読もうとすると，かつては，図書館へ向かい，その論文が掲載されている学術誌を探し，その学術誌のページをめくり，ようやくにして必要な論文を読むことができるというものでした。さらにコピーをとろうとすると，その学術誌をコピー機までもっていき，1枚1枚コピーをとる必要がありました。今は，インターネット上の文献検索サービスのサイト[4]にアクセスさえすれば，簡単に，必要な論文のPDFファイル[5]をダウンロードするこ

---

2) 大学院博士課程を修了したにもかかわらず，勤務先が未定であったり，任期制の研究員として大学院に在籍したままである研究者のこと。博士の学位を取得しているケースが多いために，英語のpostdoctoral fellowから日本語化し，ポスドクといわれる。

3) ジョナサン・ハイト。現在ニューヨーク大学スターンビジネススクール教授で，道徳感情，道徳心理学領域の第一人者となっている。

とができます。

　地球のウラとオモテにいる研究者同士の交信も，メールを介することによって簡単にできます。これにはちょっとしたオマケもつきます。時差がありますから，アメリカ合衆国の研究者との交信だと，どうしても半日遅れとなります。ゆっくりと時間をかけて，英文を書く時間を確保することができるのです。

　1990年のアメリカでの衝撃体験以降，図書館とつながっていたい，多くの研究者とつながっていたい，という気持ちをつよく抱くようになりました。幸いなことに，その後の20年間はインターネットとそれに付帯するさまざまなサービスが，日本でも広く行き渡るようになり，筆者の「つながっていたい」願望は実現しました。今，筆者の個人研究室と実験室においては無線ルーターを介して複数の機器がインターネットに常時接続しており，自宅もまた同様な状態となっています。海外出張へ行くときは有線LAN接続用のコネクターをもっていきますが，最近は簡単に無線LANに接続できるところが多くなっており，日本にいるときとあまり変わりない便利さでインターネットにアクセスできます。

❷ つながりを絶つ

　大学における教員の存在価値は，学生に対して「専門的な知識」をすみやかに提供できることです。しかし現在は，インターネットの検索サイト（GoogleやYahoo!など）にアクセスすれば，簡単に「専門的な知識」を得ることができます。物忘れの多い筆者などは，

---

4) 心理学関連に特化した文献検索サービスとしてPsycINFOがあり，文献をダウンロードできるサービスとしてPsycARTICLESがある。これらは高額な年間使用料を必要とするが，心理学の専門課程をもつ多くの大学は大学として契約をしており，学内の関係者（教職員，学生）は自由に使用できる。
5) 紙に印刷するのと同じイメージで文書を保存するファイル形式。文字認識できるものが多く，その場合はWordなどのワードプロセッサーに文字部分をコピー（＆ペースト）させることができる。また無料で提供されているPDFリーダーを使用すれば，表示，印刷できる。

授業教材を作成する際に，（情けないことに）ウィキペディア（Wikipedia）[6]にアクセスし，人名や心理学用語を確認することがよくあります。

またグーグル・スカラー（Google Scholar）[7]にアクセスすれば，学術論文を無料でダウンロードできるサイトを発見することもできます。キーワードをいくつか入力すると（例えば「恐怖」+「ストレス」），そのキーワードに関連した学術論文にどのようなものがあるか，それを無料でダウンロードできるサイトがどこにあるかがわかります[8]。なんとも便利な世の中になりました。

しかしやっかいな問題も出始めました。一日24時間を通じて膨大な数のメールが届くようになったのです。大学内のさまざまな部署からの通知や問い合わせ，共同研究者ら（筆者は国内，国外の研究者らと数多くの共同研究をおこなってきました）からの相談や情報提供，所属している学会からの連絡や依頼，そしてマスコミ関係者からの問い合わせや取材依頼などです。多いときは，ジャンクメールを除いても，一日に50件を超えるメールを受信します。

政治やビジネスの世界では有能な秘書やアシスタントがいて，そういった雑務に対応してくれるのですが，こちらは1人です。自分自身の秘書としての仕事が増えて，そのために自分自身の時間がとれないという皮肉な逆転現象に陥りました。1つのことに集中できる時間がとれなくなってきたのです。

「つながりたい」願望はかなえられました。そして「つながっている」ことの利便性も享受してきました。しかし徐々に，「つながっている」というよりも「つながれている」という感覚になっていきま

---

[6] ウィキメディア財団が運営しているインターネット上の百科事典。訪問者は一定のルールの下で自由に項目を執筆したり記述を書き換えたりできる。総じて信頼性は高く，利用者は多い。http://ja.wikipedia.org/
[7] 学術論文など学術資料に特化した検索サイト。http://scholar.google.co.jp/
[8] 著作権のある学術資料を，著作権者からの許可を得ずにアップしていると推察されるサイトも数多くある。それらのサイトから学術資料をダウンロードすることは好ましくない。

した。日本のどこにいても，昼夜に関係なく，目には見えない鎖(くさり)で「つながれている」かのような印象です。

みなさんも同様な経験をしていないでしょうか？ 最近「LINE疲れ」という言葉をよく聞きます。ひっきりなしに「LINE」が入り，下手にスキップすると仲間間で悪口が飛びかう可能性があり，めんどうだと思っていても「LINE」に参加する。そのようなことが続くことによってストレスが溜まり，疲れ切ってしまう，という現象です。

どうすればよいのでしょうか？ 実に簡単なことです。「つながりを絶つ」こと。これは人によれば勇気のいることでしょう。しかし一度経験しておくと，「つながっていた」のではなく，「つながれていた」ことに気づくはずです。そうすることによって「つながっている」ことの真の価値を発見できるはずです。

❸ 心理学を学ぶにはどうしたらいいの

前置きが長くなりました。心理学を学ぶ為の最初の一歩は，「つながりを絶つ」ことです。内省(ないせい)という言葉があります。辞書的には，自分自身の気持ち，感じ方，行動について深くかえりみること，という意味です。自分のことについて，静かに，ゆっくりと，時間をかけて内省してみてください。そのためには「つながりを絶つ」ことが必要です。

最初のステップです。私はどうして，あの時，あのような気持ちになったのだろう？ 私はなぜ，あの時，あのようなことをしたのだろう？ といったことをゆっくりと時間をかけて熟考してみてください。

大事なことは，自分1人で考えることです。誰かと相談したり，意見を出し合って一緒に考えるということを内省とはいいません。「つながっている」と，自分の考えがまとまる前に誰かに相談したり，意見をもらったりしてしまいがちとなります。また，インターネットの検索サイトにアクセスして，早急に答えを得ようとしてしまい

がちです。まずは1人でゆっくりと考えること，そのような時間をもつことが最初の一歩です。

次のステップです。内省は自分自身のことに関して思索を深めることですが，その対象を自分自身から他者へとひろげていってください。あの人はなぜ，あの時，あのようなことを言ったのだろうか？ なぜ，あの人は，あのようなことをしたのだろうか？ あの人はあの時，いったいどのような考え，気持ちであったのだろう，といったことを考えてみてください。

最終ステップです。人間一般について考えてみてください。なぜ，人は美しいものを見ると感動するのだろうか？ ささいな失敗であっても，そのことをくよくよと悩む人もいれば，まったく堪えない人もいるのは，なぜだろう？ 人間一般に対するさまざまな疑問について，自分なりの答えを探す努力をしてください。

心理学はまさに，こういった疑問に答えようとする学問なのです。自分についてのなぜ，他者についてのなぜ，人間についてのなぜ，について答えを見いだそうとする学問なのです。これらの「なぜ」は数限りなく存在し，日々新しい「なぜ」も生まれてきます。世界に何万人もいる心理学者らは，日々これらの「なぜ」についての答えを求め，論文や書籍という媒体によって「とりあえずの」答えを提出してきたのです。

1つの疑問に対する答えがでてくると，その答えを巡ってさらに多くの疑問がでてきます。そしてそれらの，新しく生まれた疑問に対する「とりあえずの」答えが，最初の答えに付け加わっていきます。学問とはそのようなものであり，その結果，膨大な知識が集積されていきます。

心理学を学ぶにはどうしたらいいのか？ まずは，自分自身で，自分について，他者について，人間についてのなぜに答えてみることです。沈思熟考という言葉があります。みなさんにとっては当たり前となっている「つながり」を一度断ち切ってみてください。そうして，1人静かに，深く，考える時間をつくってください。

4 大学の図書館へ行こう

　自分についてのなぜ，他者についてのなぜ，人間についてのなぜ，について考えてみましたか？ 高校生のみなさんは，それは，大学へ入学してからのこと，まずは大学へ入ることが大事だ，と考えているかもしれませんね。

　もし志望校がきまっているなら，その大学の図書館が学外者に開放されているかどうかを調べましょう（現在，かなりの大学の図書館は身分証明書を提示すれば入館証を無料で作ってくれます）。開架書庫や閲覧室だけでなく，閉架書庫にも入ってみてください[9]。

　図書館で管理されている書籍は日本十進分類法という基準によって分類・整理されています。心理学は140番台（141から149）です。大学によって所蔵されている書籍の量と種類は相当に異なります。歴史のある大学ですと膨大な数の書籍が残されています。最近に作られた大学ですと所蔵冊数も少なく，新しい書籍が多いことでしょう。

　さぁ，ゆっくりと館内を探索しましょう。幸か不幸か，大学図書館の利用者は少なく，学生数の多い私立大学であっても館内は閑静としています。閉架書庫に入りましょう。その静寂と古書がかもし出す匂いに圧倒されるのではないでしょうか。大学が大学であることの存在証明といえるものが図書館なのです。

　140番台の書架にいき，目についた書籍を手当たり次第に開いてみるとよいでしょう。自分についてのなぜ，他者についてのなぜ，人間についてのなぜ，についてどれほど多くの心理学者が，どれほど多くの「とりあえずの」答えを出しているかを知ることができるはずです。そして自分1人でいくら考え続けても，自分，他者，人間一般に関する「なぜ」の答えは早々にはでてこないことも納得できるはずです。

---

9) 大学によっては学外者の使用範囲を制限しているところもある。

「無知の知」という言葉があります。自分なりに知っているつもりでいたのに、まったくといっていいほど何も知らない、「自分は何も知っていない」ということを知ることが大事であり、そこから学問（哲学）は始まるという意味です。心理学の初学者にとって大事なことは、自分のこと、他者のこと、人間一般のことをほとんど知らない、ということを知ることでしょう。これは心理学を学ぶ第一歩といえます（実は初心者に限る話ではなく、筆者のように40年にわたり心理学を学んできた者であっても、日々、自分の無知に気づかされています）。

❺　心理学に「絶対」はない

では、心理学を学べば、自分のこと、他者のこと、人間一般のことを知ることはできるのでしょうか。答えはイエスでもあり、ノーでもある。それは心理学が科学である為です。

「心理学の過去は長く、歴史は短い」という有名な言葉があります。ここでいう「過去」とは哲学の長い歴史のことで、ここでいう「歴史」とは心理学が科学という方法論を用いるようになって以降のことをいいます[10]。つまり哲学＋科学が心理学なのです。

一般に科学は真実を探究し、発見することであると考えられています。しかし発見されたことが「絶対の真実」であると考える科学者は誰一人としていません。もしいるとすればそれは科学者ではなく科学信仰家というべき人でしょう。第6章の内容と重複しますので簡単にいいますと、科学とは検証可能な仮説の集合体にすぎません。

例えば、2014年1月にSTAP細胞（刺激惹起性多能性獲得細胞）の発見が報じられ、一大ニュースとして日本のみならず世界に発信

---

[10] 1879年、実験心理学の父と称されるヴィルヘルム・ヴント（1832-1920）が、ドイツのライプツィヒ大学において、世界で最初の心理学実験室を設立した。この年を科学的心理学の始まりとみなすことが一般的である。なお当時、ヴントは哲学の教授であった。

されました[11]。しかし同年12月には、STAP細胞発見の舞台となった理化学研究所自らが、いくら繰り返してもSTAP細胞を再現できなかったということから、「発見」の事実を取り下げ、謝罪することになりました。頻繁にマスコミに取り上げられた事件ですので、みなさんの記憶にも新しいことと思います。

では1回でも再現されれば検証されたことになるでしょうか。1回ぐらいでは偶然かもしれませんね。では1万回ではどうでしょうか？ まず間違いないと思えますが、次の10001回目で再現されなければ「絶対」とはいえません。つまり、科学には「絶対」などありえないのです。

心理学では、推計統計学[12]に基づいて、差があった（検証された）という判断の誤っている可能性が100に5回未満の確率であれば、差があった（検証された）と判断する[13]ことを基本のルールとしています。つまり、「絶対」ではなく、「相対」的な判断をしているのです。

また検証されなかったからといって「存在しない（差がない、効果がない）」という判断はできない、ということも知っておいてください。STAP細胞の存在そのものについては、理化学研究所も否定していません。あくまでも「発見した」という事実を取り下げたにすぎません。

現代心理学は、科学的方法を用いるが故に、そこで得られた事実は「とりあえずの」真実であり、絶対の真実ではないとみなします。科学者とは（絶対の）真実は得られないとわかっていながら、（とり

---

11) 当時はさまざまなメディアがこれを「世紀の大発見」として取り上げた。STAP細胞発見の意義は、以下のサイトなどから見ることができる。http://synodos.jp/science/6918
12) 実験や調査によって得られたデータ（数値）の特徴を示すために用いられる統計を記述統計学という。平均値が代表的なものである。得られたデータから、何らかの判断を行う際に用いられる統計を推計統計学という。判断は確率によって行われる。
13) 複雑な論理だが、心理学科へ進学すれば統計の授業できちんと学ぶことになる。

あえずの）真実を追い求めようとする人たちなのです。心理学者もまた，私と，他者と人間一般について，（絶対の）真実は得られないとわかっていながら，（とりあえずの）真実を追い求めようとする人たちなのです。

❻ 再び，心理学を学ぶためには

第5節で紹介した「心理学の過去は長く，歴史は短い」という言葉を思い出してください。心理学＝哲学＋科学です。人間についてじっくりと考えること（哲学）と科学的方法を学ぶことが心理学を学ぶ上で必須のことがらとなります。後者（科学とその方法）については，残念ながら，中学，高校でしっかりと勉強してこなかった学生が心理学へ進むことが多いので，どこの大学も入学後にみっちりと教え直すことになります。

前者の「考える」ことは今からでもすぐにできることです。自分なりの答えを得ようとするとたいへんですから，その前段階の「なぜ」に集中して，「なぜなぜ」ノートでも作ってみてはどうでしょうか。電車やバスにのると，多くの人はスマートフォンやタブレットを取り出し熱中していますね。これはなぜ？ 保育園の園児の中には，家では決して食べようとしないホウレン草を保育園で喜んで食べる子がいます。なぜ？ ゴキブリを見るとほとんどの人は顔をしかめます。なぜ？ と，なぜなぜノートはエンエンと続くはずです。

心理学の面白さは，このような多くの「なぜ」に対して，誰かがなんらかの説明をしていることです。もちろん「絶対の真実」ではなく，「……かもしれない」にすぎませんが。誰が，どこで，どのような説明をしているのかを効率的に探すには技術が必要です。思いつきのような説明ではなく，それなりの科学的根拠をもつ，より「真実に近い」説明に辿りつくにも技術が必要です。心理学へ進学すれば，これらの技術も教えられます。

7　最後に

　自分にとってかけがえのない1冊の本を探してください。もちろん心理学の本です。注意することがいくつかあります。

　第1：書店の「心理学」の書棚にある本は必ずしもすべてが心理学の本ではないということです。奇妙に感じるかもしれません。基本的に本屋さんは売るための本を並べているのですから，本屋さんが「これは心理学っぽいな」と判断すれば，その本を心理学の書棚に並べてしまいます。さらに新刊書が主であり，何十年にもわたって読まれてきた「良書」が並ぶことはあまりありません。

　第2：書名に「心理（学）」の文字が入っていても，それが心理学の本とは限りません。「心理（学）」の文字がはいっていると売れる，売りやすいということから，内容的にはとても心理学とはいえない書籍や，心理学の研究成果を面白おかしく紹介しているだけの（それも誤っていることが珍しくない）本を目にすることがよくあります。もちろん信頼できる心理学者が一般の人を対象にわかりやすく書いてくれている本も多数あります。両者をしっかりと区別することが大事です。

　第3：公共の図書館に心理学の良書が並んでいるとは限りません。総じて公共の図書館は予算が限られているために，司書の方が「これは入れるべき本だ」と見なしても入らないことが多いようです。さらに，地域住民の希望を優先するという方針をもつところが多く，どうしてもその時々の，注目を浴びたベストセラー本を並べることが多くなります。

　第4：大学の図書館を利用しよう。第4節で述べたように，学外者の利用が可能な大学の図書館へ行ってみてください。あなたにとって貴重な，かけがえのない1冊を見つけ出すことができるかもしれません。特に心理学科など専門教育を行う部署のある大学では，その大学に在籍する心理学教員が選んだ良書が並べられていることが多くあります。

第5：心理学の棚以外のところにも，良書が並んでいます。第10章の後半に「近刊を主とした書籍」が紹介されています。これらの書籍のすべてが心理学の棚に並んでいるか，と問われると否と答えざるを得ません。ノーベル経済学賞を受賞した「心理学者」のダニエル・カーネマンの書籍などは経済学の書棚に並んでいることが多いようです。心理学の棚にこだわることなく，幅広い領域から，あなたにとっての1冊を選んでください。

筆者は，学部で心理学を専攻した頃（40年も以前の話になりますが），バラス・スキナー[14]の"Beyond Freedom and Dignity"という洋書[15]を購入し，読み進めました（到底読みきれるものではなく，冒頭部分と途中をところどころ読んだにすぎませんが……）。さらに，『行動理論への招待』佐藤方哉（大修館書店，1976年）も愛読しました。これらの書籍によって，当時さかんであった行動主義心理学の魅力にとりつかれたことを思い出します。

心理学に興味をもちはじめたみなさん。ぜひ自分にとってのかけがえのない最初の1冊を発見し，それを大事に読み進めてください。表8-1は，本書の編者である中西大輔，今田純雄（本章の執筆者）がみなさんにお薦めする「最初の1冊」です。参考にしてみてください。

---

14) オペラント心理学（実験的行動分析）の創始者。行動療法，認知行動療法の理論的基礎を構築した。
15) 翻訳書として，『自由への挑戦：行動工学入門』波多野進，加藤秀俊訳（番町書房，1972年），『自由と尊厳を超えて』山形浩生訳（春風社，2013年）の2冊が刊行されている。

表 8-1 心理学「最初の一冊」[16]

書名	編者 (著者・監訳者)	出版社	価格
心理学・入門： 心理学はこんなに面白い	サトウタツヤ・ 渡邊芳之	有斐閣（2011）	2052 円
社会心理学ショート・ショート： 実験でとく心の謎	岡本浩一	新曜社（1986）	1512 円
心理学の基礎　四訂版	今田　寛他	培風館（2016）	1890 円
はじめて出会う心理学　改訂版	長谷川寿一他	有斐閣（2008）	2160 円
心理学 新版： これを読破できれば，こわいものなし！	無藤　隆他	有斐閣（2018）	4536 円
嫌悪とその関連障害： 理論・アセスメント・臨床的示唆	今田純雄・ 岩佐和典	北大路書房（2014）	3888 円
食べることの心理学： 食べる，食べない，好き，嫌い	今田純雄	有斐閣（2005）	2160 円
動機づけと情動	今田純雄・ 北口勝也	培風館（2015）	2376 円

16）表中最後の3冊は本章執筆者によるもので，専門的な内容のものも含まれている。
　　概説書だけでなく，専門書から入るのも1つの方法なので，あえて推薦した。

コラム⑯ マクドナルドのロゴから何がわかる？

今田純雄

　写真のロゴはみなさんご存じ，マクドナルドのものです。このロゴをみるだけで，ハンバーガーやフライドポテトを食べたくなる人も多いのではないでしょうか。2つの小高い山が仲よく並んでそびえ立っているように見えます。

　ここで質問。このロゴをぴったりと隠す四角形をつくれば，その底辺と高さはどちらが長くなるでしょうか？　さて，ほとんどの人は，上に長い長方形をイメージするのではないでしょうか。

　定規をあてて長さを測ってみてください。あれれ，高さよりも底辺の方が長いではないか。なんと不思議なことでしょう。驚きますね。上に高く見えるのですが，実際は横に拡がっているのです。

　これは垂直錯視の一例です。同じ長さの線分なら，水平方向にあるよりも垂直方向にあるほうが長くみえてしまうのです。さらに，マクドナルドのMから，小高い山を連想してしまいます。私たちは，山は高く見上げるものだと思っています。頭のなかで，自動的に，山は高い，だからこのロゴも縦方向に長くみえる「はずだ」と判断してしまっているのです。

　長さ，重さ，温冷などは物理学によって厳密に測定されます。しかしココロの世界では，独自のものの見方，感じ方をしています。誤解を恐れずにいうならば，「自分が見たいように世界を見ている」ということになります。

　「あばたもえくぼ」ということわざがありますね。「恋は盲目」ということわざもあります。恋に陥った人は，相手の人の欠点がみえなくなり，むしろそれが長所，魅力のようにすら思えてしまうと意味です。錯視という機械的なものだけでなく，こうあって欲しいという（無意識の）気持ちが，実際に見える世界も変えてしまうのです。

図 c16-1 マクドナルドのロゴ

コラム⑰ アメリカの大学生は忙しく，のんびりしている!?

清水　充

アメリカの大学は入りやすく卒業しにくいとよくいわれています。アメリカの学部生はどのくらい苦労して心理学を専攻し，卒業するのでしょうか。

大学において専攻を決めるのは，一般的に1-2年時の取得科目のGPA（0から4の5段階評定）です。私の所属する大学では心理学専攻に進むために必要なGPAは2.25と，他の専攻に比べてそれほど高くはありません。心理学専攻に進んでからは「心理学入門」や「心理学研究法」も含め12の科目（36単位）の取得が必要ですが，他の社会科学系の専攻と比べても卒業するのがたいへんとはいえません。またアメリカの大部分の大学では，一部の成績優秀者のみが卒業論文（Honors Thesis）を提出します。私の大学ではGPAで3.5以上の学生のみが卒業論文を書くこととなります。

それではよい成績を取ること以外に，心理学専攻の学生として苦労することは何なのでしょうか。一言でいえば他の学生との差別化です。これには教員からの推薦状がものをいいます。ではどうすればよい推薦状を書いてもらえるのでしょうか。

多くの心理学専攻ではリサーチアシスタントという，教員の研究の手伝いをすることによって単位を取る制度があります。研究分野によっても異なりますが，主に教員の行う研究を実験者として参加することによって，実際の研究を経験することになります。学生はこの機会を利用して教員と懇意になり，研究に参加した学生として推薦状を書いてもらうことになります。

さらに心理学専攻の学生には，地域の公立学校やメンタルヘルスセンター等で心理学に関係した補助的な仕事をする，フィールドスタディの機会がある場合があります。ここでも指導を受ける教員やそれぞれの施設のスタッフと懇意になり，推薦状を書いてもらうことになります。

心理学専攻の多くの学生は大学院への進学を希望しています。受験の際には複数の推薦状を教員に書いてもらう必要があります。学部卒業後に就職する学生にとっても推薦状は無関係ではありません。ですからよい推薦状を書いてもらえるチャンスを少しでも増やす努力が欠かせないのです。アメリカは進学，就職のいずれにおいても教員の推薦状が重視される社会といえます。

また多くの大学には心理学の国際的な学生団体（Psi Chi）の支部が置かれています。この団体の目的は教育・医療機関でボランティア活動をすることによって，心理学の学生として地域にとけこみながら貢献することにあります。活動そのものは心理学とは直接関係がないことが多いようですが，積極的な参加，とりわけリーダーとして参加した経験も差別化のために大事です。

現在のアメリカの学部生の大部分は，小さい頃からインターネットに触れていて，ほしい物は何でも簡単に手に入れられると考える，Generation of Entitlementといわれる世代です。そういった学生が，初めて，簡単には手に入れられない人脈や経験をどれだけ得られるのかが，差別化のための鍵となっているようです。

Chapter 9
Webで学ぶ心理学

三浦麻子

❶ 美味しい餌（情報）の探し方

　もう四半世紀以上前のことになります。心理学を志す高校生だった筆者は「心理学を学ぶにはどこの大学に行くべきか」を知りたくて，あれこれと情報収集を試みていました。おそらく，今この本を手に取ったあなたと同じ状況です。しかしその頃「大学で何が学べるか」を知るための資料といえば『螢雪時代』（旺文社）など受験生向け月刊誌に代表される紙ベースのものだけでした。毎年4月に刊行される増刊『全国大学学部・学科案内号』の細かな文字を食い入るように読み，どうやら心理学を学べるらしいとわかった大学に目標を定めてひたすら受験勉強に励む。それ以外の手段はほぼなかったのです。「心理学とは何か」を調べる場合も似たようなものです。書店に行って『心理学入門』といった名前の本を手に取り，ぱらぱらとめくってみるくらいが関の山。知りたいことはたくさんあるのに，それに辿り着くための手がかりは本当に限られていたような記憶があります。心理学に限らず，大学で学ぶ学問とは何かを知るのはとても困難でした。

　それと比べれば現在はまさに隔世の感があります。要因はいくつかありますが，インターネット，特にWebの普及はその主要な1つであるといって間違いありません。Webは世界規模の巨大な情報データベースであり，しかもあなたは家に居ながらにして，あるいは外出中でも，パソコンやスマートフォンからそこに直接アクセスすることができるのです。情報という餌を求めて書店に狩猟に出かけなくとも，巣の中で大口を開けていれば親鳥が餌を運んできてく

れる，そんな状況です。となれば，みなさんがなすべきは，昔の筆者がしていたような「空腹を満たすための餌探し」ではなく，「より美味しい餌をいかに効率よく手に入れるかを考え，実行する」ことだということになります。

本章では，まだ心理学についてほとんど何も情報も知らないけれど，興味だけはある，という方々を想定して，そんな「美味しい餌」を入手するための作戦をいくつか授けます。

❷ 心理学の全体像を知る

まず「心理学」という学問の現状について，その全体像をつかむための情報を収集する手段をご紹介します。こうしたニーズを満たすには，まずは何らかの統一基準で選定された網羅的かつ信頼性の高い情報をいっぺんに入手することができるWebサイトを活用するのが最も効率的です。幅広い情報が一覧できると同時に，そこからリンク先を辿っていけば，いくらでも奥深い情報を探っていくことができます。ただ全体像といっても漠然としているので，3つの観点を呈示します。

■ 1 心理学を学べる大学を知る

どの大学に行けば「心理学」を学ぶことができるのか。これを知るためには，日本心理学会（心理学の多様な領域の研究者が集う全国規模の総合学会）が提供している「心理学を学べる大学」(https://psych.or.jp/interest/univ/) が役に立ちます。このリストには「日本心理学会会員が5名以上所属している大学，または2012年10月-2014年9月までの日本心理学会認定心理士の審査数が20名を超える大学」が掲載されています。該当する大学や学部・学科のサイトへの窓口に特化しているのでシンプルですが，専門家である筆者から見てもかなり網羅的です。受験産業の提供するデータベースサイト（ベネッセ「マナビジョン」(http://manabi.benesse.ne.jp/daigaku/) など）でも似たようなリストを入手することがで

きますが，こちらは大学側の提供資料に基づく情報によって構成されているのがネックです。例えば筆者が心理学を学んだのは大阪大学人間科学部ですが，心理学関連の研究分野を「行動学」と称しているため，後者のデータベースで「心理学」を検索しても登場しません（2018年8月現在）。

■ 2　心理学の研究論文に触れる

　心理学ではどんな研究がされているのか。それを知る1つの重要な手がかりは論文を読むことです。心理学の研究論文の多くは，学会が刊行する論文誌（多くは『○○心理学研究』という名前がついています）か，大学や学部・学科など諸研究機関が刊行する論文誌（多くは『○○紀要』という名前がついています）に掲載されています。前者は研究者仲間や同分野の専門家による評価・検証（ピア・レビュー）を経ていることがほとんどですが（☞第4章），後者はそれがない場合がほとんどなので，どちらかといえば前者に質の高い論文が掲載されています。論文誌のデータベースにはCiNii Articles（https://ci.nii.ac.jp/）が，近年増加の一途を辿る電子ジャーナルを提供するサービスにはJ-STAGE（https://www.jstage.jst.go.jp/browse/-char/ja/）やメディカルオンライン（http://www.medicalonline.jp/）があります。論文の要約はもちろん，多くは本文をPDFファイルで入手することが可能です（図9-1）。

　ただし，これらのWebサイトは心理学に限らずあらゆる学術雑誌に関する情報提供を目的としているので，あまりにも網羅的すぎて，既に論文誌にあたりがついているとか，調べたいキーワードが決まっている，というのでなければかえって探しにくいと感じるかもしれません。まずどんな論文誌があるのかが知りたいのだ，という場合は，オンラインで本文入手可能な心理学関係の論文誌がまとめられた「心ポ（心理学ポータル）」のコンテンツ（https://www27.atwiki.jp/simpo/pages/23.html：図9-2）や「ウェブ上で入手可能な心理学論文誌」（https://nawatakengo.web.fc2.com/web_journal.htm）

図 9-1 J-STAGE から入手可能な研究論文

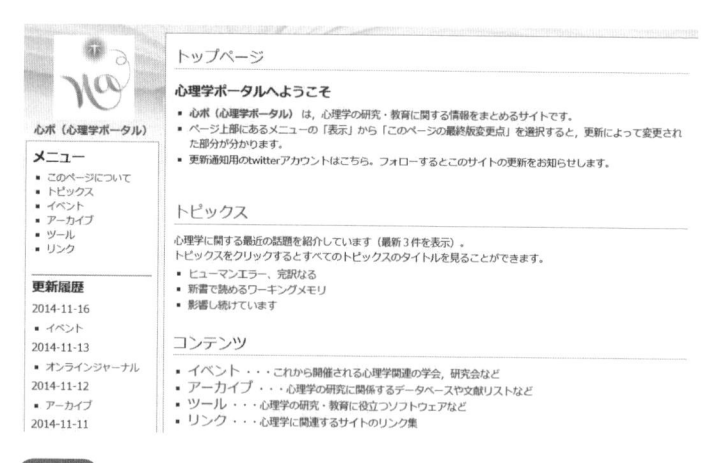

図 9-2 「心ポ（心理学ポータル）」トップページ

などが役に立ちます。これらのサイトは，論文誌以外にも心理学の研究・教育に関する情報が充実しており，いずれも個人によるボランティア運営とはにわかに信じがたいほどの質の高さです。ある意味ボランティアならではのフットワークの良さが活かされていると

もいえるでしょう。これからも長く運営されることを願います。

なお，ここで紹介したのは日本の論文誌のみで，そこに掲載されている論文のほとんどは日本語で書かれていますが，日本人研究者による研究であっても，国際的な論文誌に英語論文として掲載されることも多いです。これは，心理学が欧米を中心に発展してきた研究分野だという事情もあるでしょうが，やはり学問における共通語は英語なのです。日本人研究者の活躍の場も国際的に広がっていて，「これぞ」という自信のある研究は英語で論文を書いて国際的に評価の高い論文誌に掲載されることを目指します。そうすることで，より多くの読者を獲得することができるからです（日本語だと，日本人しか読んでくれませんからね）。この傾向は，臨床や教育，社会といった応用分野よりも，知覚や生理，認知といった基礎分野において顕著です。無料で論文がダウンロードできるものもありますし，要約（Abstract）は誰でも読めるので，英語の勉強も兼ねてぜひ挑戦してみてください（図9-3）。国際誌の論文を探すにはGoogle Scholar（https://scholar.google.co.jp/）が便利です。図9-4にキーワード「social dilemma（社会的ジレンマ）」で検索した結果を示しました。なお，このサービスでは日本語の書籍や論文を検索することも可能です。

図9-3 国際的な論文誌に掲載された日本人研究者の論文

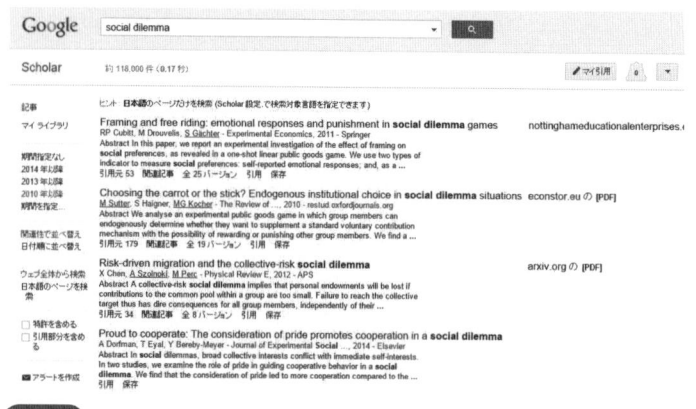

図9-4 Google Scholar で論文を探す

3 心理学の研究テーマを知る

　論文は既に行われた研究成果をまとめたものなので、ある意味で「過去のもの」です。今まさに進行中の研究にどのようなものがあるかを知りたい場合には「KAKEN（科学研究費助成事業データベース）」(https://kaken.nii.ac.jp) が便利です。科学研究費助成事業とは、文部科学省と日本学術振興会が提供する研究資金によって行われている研究のことで、学術的に注目を集めているものや社会的必要性の高い研究テーマが採択されることが多いので、ざっと眺めてみるだけでも心理学の研究トレンドを知ることができます。図9-5は、2015年度に新規採択された研究テーマが、資金配分額が多いものから順にリストアップされています。心の働きや仕組みの基盤を解明するために、脳神経科学との連携が深まっていることがわかります。助成期間が終了した研究については、研究実績報告書を参照することもできます。

　いや、いきなり学術色の濃い研究は敷居が高い。心理学は身近な人間行動の問題を扱うこともできるのだから、もうちょっと実生活に役立ちそうな柔らかい研究はないのか、と思う方もいらっしゃるかもしれません。以下では、そんなニーズに応えるWebコンテン

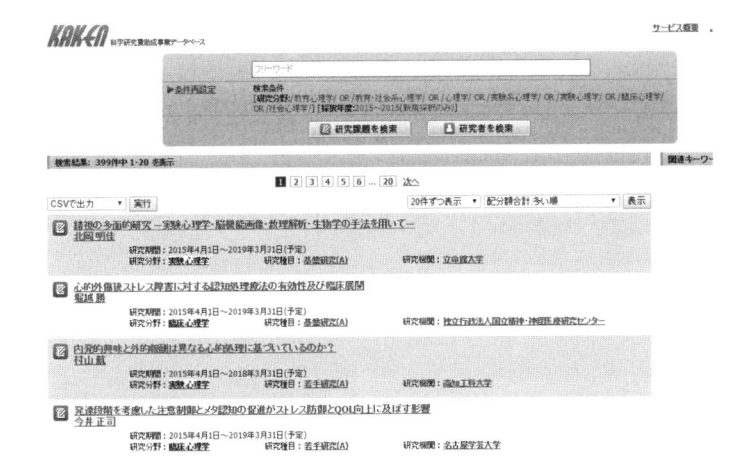

図 9-5 科学研究費助成事業データベースでわかる心理学の研究トレンド

ツをいくつか紹介します。

日本心理学会の「心理学ってなんだろう」(http://www.psych.or.jp/interest/faq.html) には、「地平の月と真上の月は、なぜ大きさが違って見えるか？」といった知覚心理学のトピックから「なぜ悪いうわさは広まりやすいのでしょう？」といった社会心理学のトピックまで、さまざまな日常の疑問について心理学者が答える40問のQ&Aがリストアップされています。あなたが抱いたことのある疑問への答えが見つかるかもしれません。またそこから、心理学が人間の心の仕組みや働きにどのようにアプローチする学問なのか、その一端を知ることができるはずです。40問目以降は、日本心理学会が刊行している機関誌『心理学ワールド』(https://psych.or.jp/publication/world.html) の52号以降のコンテンツとして参照することができます。『心理学ワールド』は一般の方々向けに心理学をわかりやすく紹介することを主目的とした雑誌なので、特集をはじめ、研究室紹介、ユニークな活動をしている心理学者へのインタビューなど、他のコンテンツにもみなさんが興味をもてるものが多く

あるのではないでしょうか。バックナンバーPDFを閲覧・ダウンロードすることができます。

また、いわゆる「ニュースサイト」にも、案外たくさん心理学に関する話題が掲載されています。

- 「Gigazine」の「サイエンス」（https://gigazine.net/news/C29/）
- 「カラパイア」の「サイエンス＆テクノロジー」（http://karapaia.com/archives/cat_50034587.html）
- 「ライフハッカー」の「スタディ」（https://www.lifehacker.jp/tags/study/）

などです。海外のニュースサイトからの転載も少なくありません。レベルの高い雑誌に掲載された（つまり、内容についてしっかりとした審査を受けた）研究に基づいているものも珍しくなく、そうし

図9-6 ニュースサイトで紹介された心理学研究

た記事にはおおむね科学的な間違いは含まれていないと考えてよいでしょう。図9-6の記事は「嬉しいとなぜ涙が出るのか」という実に日常的な疑問にアプローチした研究の紹介ですが，論文が掲載されたのは *Psychological Science* という一流の（図9-3に示した論文も掲載されている）国際誌です。記事内容に興味をもち，もっと研究の内容について具体的に知りたい！と思えば，前述のGoogle Scholarなどを駆使して論文を探し，読むこともできます。

❸ Webを捨てずともよい，旅に出よう

　本章では，Webで心理学を学ぶためのさまざまな手がかりを紹介してきました。筆者が知る限りの情報のうち，あまり専門的になりすぎず，一方で巷にはびこる「心理学っぽいけれど決して心理学とはいえない」コンテンツとは異なる，学術的に信頼性の高いものを厳選してご提供したつもりです。最後に，筆者からみなさんへのメッセージをお届けします。

　「安楽椅子探偵（Armchair-Detective）」という言葉があります。現場に赴くことなく，部屋から出ることすらなく，事件を推理する探偵のことです。Webで心理学を学ぶことは，まるで安楽椅子探偵のような行為であるといえるでしょう。確かに，Webは情報の宝庫です。安楽椅子に腰掛けたままでも，昔とは比べものにならないほどの充実した量と質の情報を入手し，知識を身につけることもできるでしょう。しかし著者はあえて「入手した情報に会うために旅に出る」ことをお勧めします。

　これから大学を目指す方であれば，各大学が盛んに実施しているオープンキャンパスに参加するのが最も身近な手段でしょう。例えば，筆者が所属している関西学院大学では，毎年夏のオープンキャンパスで「心理学実験室ツアー」を実施していて，心理学研究の現場を体験することができます。ダイジェスト版動画がYouTubeで公開されていますが（http://youtu.be/k0NSdsjiL34：図9-7），実地で体験することでそれに対する理解をより深められます。

図 9-7 オープンキャンパスのダイジェスト版動画（関西学院大学）

　また，心理学研究の現況を知るためには，各学会がたいてい年に1回開催している「大会（総会）」に参加してみるとよいかもしれません。多くの大会は会員でなくても参加できます。前出「心ポ」の「イベント」（https://www27.atwiki.jp/simpo/pages/16.html）ページにこれから開催されるものがまとめられています。さすがにそれは敷居が高い，という場合は各学会が開催している公開シンポジウムに参加するのはいかがでしょうか。日本心理学会の公開シンポジウム（https://psych.or.jp/event/）は一般向けと高校生向けのものが多数開催されており，多様かつ日常的なテーマに関する心理学研究に触れることができます。

　こうしたイベントに関する情報も，Webによって容易に入手できるようになりました。Webを通して得たさまざまな情報を，ぜひ実際に自分の目や耳で確かめる機会を作ってください。そうすることによって，心理学の魅力をより強く肌身で感じることができるようになるでしょう。私たちは，いつでもみなさんの来訪を歓迎いたします。

コラム⑱ 戦争とか紛争ってどうしておこるの？

横田晋大

　なぜ戦争や紛争は起きてしまうのでしょうか。この問いを心理学の観点から言い直せば、人には戦争を起こす「心」があるのか、となります。人には他の集団を攻撃する「心」があるのでしょうか。この問いは、心理学者をはじめ、多くの社会科学者にとって解くべき問題として議論されてきました。

　他集団を攻撃する「心」の存在を確かめるため、シェリフという社会心理学者は、人がある集団に所属し、他の集団と遭遇した場合に、どのような「心」が生まれるかを実験で検討しました。実験は、11, 12歳の少年たちが参加するサマーキャンプで行われました。初対面の少年たちを2つのチームに分け、さまざまな活動に参加させ、その心と行動の変化を調べたのです。実験の結果、集団間に利害の葛藤（片方が得るともう一方は得ることができない資源）がある状況では、人は自集団を助け（協力）、他集団を貶める（攻撃）ように振る舞うことが示されました[1]。そして、この行動は、実験室内で、特に意味のない基準（絵画の好みなど）で分けられた集団ですら観測されると報告されたのです。つまり、利害の葛藤がなくとも、人には、集団に分けられただけで、自集団に協力し、他集団を攻撃する「心」がある、といえます。

　以上の話は、一見、正しいように見えます。人間には「闇」の部分があり、他者を攻撃する生き物なのです。果たして、本当にそうなのでしょうか。

　賢明な諸兄は気づいたはずです。否、人間は「悪」ではない、と。そう声を上げたのが、日本の社会心理学者である山岸俊男です。彼は、自集団への「協力」と他集団への「攻撃」は表裏一体ではなく、それぞれ別の原理から生じていると考えました。すなわち、これまで観測されてきた他集団への攻撃は、あくまで自分の集団を優先させた結果として生じた可能性があるのです。

　この仮説を検証するため、山岸俊男とその共同研究者たちは、上記と同様に実験室内で2つの集団を作った上で、さらに他の自集団メンバーとの互恵性（自分が協力すれば他者が協力を返してくれるというギブアンドテイク）が期待できない状況を設定しました。すると、今まで見られていた自集団への協力も他集団への攻撃も消え、平等に振る舞うようになったのです！　これより山岸らは、他集団への攻撃に見えていたものは、あくまで自集団に協力すれば自分に利益が返ってくると期待

---

1) 実験が進むにつれて、少年たちの争いは激化し、互いに傷つけあうような振る舞いが多く見られるようになりました。しかし、2つの集団が力を合わせなければ解決できない課題（食料を積んだトラックが溝にはまったものを、協力して引き出さなければならない、など）を設定すると、お互いの敵意や攻撃行動は減りました。目の前にある利益の葛藤をなくすと、他集団への憎しみや敵意は減ったのです。実験の終了時には、他集団に友達ができたと言う少年もいました。

して，自集団を優先させた結果なのだ，と説明しました。人には，他集団を積極的に攻撃しようとする「心」は備わっていない。これが山岸らの研究の結論です。

ここまで読んだみなさん，特に女性の方は，「他の集団を攻撃するなんて怖くてできない」と思うかもしれません。山岸らの結論には納得だ，と。しかしながら，進化心理学の分野では，最近，戦争へ適応した「心」が進化の過程で男性だけに備わっている，と主張する仮説があります。この男性戦士仮説では，他集団を支配して資源を得るために攻撃する「心」が備わっているというものです。男性戦士仮説は，コンピューターを使った進化シミュレーションや実験室実験でも支持されています。しかも，実験では，互恵性が期待できない状況でも，男性は自集団協力と他集団攻撃を同時に示したと報告されました。この主張に対して，山岸らは，実験で観測された男性の行動も，やはり自集団への協力であることを，同様に実験で示しました。彼らは，男性が自集団協力を高めることは，集団内の結束の強さを他集団へ示し，戦わずして他集団を退ける戦略だと解釈しています。しかし，山岸らの解釈を検証したデータは，現時点では提出されていません。

それでは，改めて最初の問いに戻りましょう。人には戦争する「心」があるのでしょうか。そして，戦争する「心」を抑えたり，無くしたりすることはできるのでしょうか。そのためには，まず，他集団を攻撃させる「心」が本当に存在するかどうかを確かめなければならないでしょう。現在，さまざまなアプローチや手法を用いて検証している最中です。

戦争や紛争は，未だこの世界のどこかで起こっています。人間は，その悲劇の繰り返しを乗り越えることができるのでしょうか。戦争を起こす「心」がわかったからといって，戦争を止めることに直接つながるわけではありません。しかし，その成果は解決の第一歩へと通じるはずです。今後の成果に注目しましょう。

コラム⑲ 心理学ワールドへようこそ

宮谷真人

テレビや新聞で毎日さまざまなニュースが報道されます。それらを見たり聞いたりして，なぜこんなことが……，と疑問に思うことがあります。例えば，ゴミ屋敷。はたから見たらゴミやがらくたとしか思えないものを家の内外にため込んでしまい，決して快適とは思えない環境で暮らし続ける人がいるのはなぜでしょうか。また，他の人の言動に驚かされることも多いでしょう。なんであの人は，あんなに発想が豊かなの。

これらの疑問にわかりやすく答えてくれる雑誌があります。日本心理学会が発行する『心理学ワールド』です。ゴミ屋敷に関しては，66号（2014

年7月発行）の特集「集める心」で紹介されています。「強迫的ため込み症」という立派な名前がついているんですね。また，そのような行動をもたらす心や脳のメカニズムについても説明されています。64号（同1月）の小特集「暮らしの中の発想」には，日々の生活の中での創造性や発想力のためのヒントがつまっています。

表c19-1に，最近2年間8号分の特集と小特集のテーマを挙げました。時には，心理学でまだ十分に研究されていない話題も取り上げられますので，心理学者に限らず，それぞれのテーマにくわしい著者に執筆を依頼しています。これらの他にも，心理学を学ぶことのできる大学（心理学キャンパスデイズ）や特色ある授業（私の出前事業），心理学を学んだ人たちが活躍する職場（ここでも活きてる心理学）の紹介，心理学の歴史を楽しく学べるコーナー（心理学史の複線経路）など，心理学になんとなく興味をもっている人にとっても，心理学を学ぶことに決めた人，あるいはすでに取り組んでいる人にとっても，役に立つ情報満載です。難しい論文の内容をとても面白く，わかりやすく紹介してくれる記事（裏から読んでも心理学）もあります。

『心理学ワールド』は，学会員や認定心理士に配布されてもいますが，ほとんどすべての記事を，日本心理学会のウェブページ（http://www.psych.or.jp/）で，誰でも無料で読むことができます。ダウンロードも可能です。みなさん，どうぞ広くて深い心理学ワールドにお出かけください。

表c19-1 『心理学ワールド』の特集・小特集のテーマ

号	特集	小特集
67	自閉症スペクトラム障害—新しい発達障害の見方	プログラミング The 心理学実験
66	集める心	実践力を高めるための試み
65	ロービジョンと心理学	心理学を志した頃を振り返って
64	対話	暮らしの中の発想
63	創造性〈クリエイティビティ〉	ナビゲーション
62	みんなで子育て　心理学からの提案	長期的な取り組み—縦断研究のコツ
61	批判的思考と心理学	2つの顔（専門領域）を持つ心理学者
60	幸福感　次のステージ	タブレットPCと心理学

Chapter 10

本で学ぶ心理学
どんな本を読めばよいのだろう？

小塩真司

❶ 読書をしよう

　あなたは本を読みますか。「読む」のであれば，一日に平均して何分，読書に時間を費やしているでしょうか。全国大学生活協同組合連合会が実施した第49回学生生活実態調査によると，大学生の一日の読書時間は平均26.9分であり，40.5％はまったく本を読まないと回答したということです（全国大学生活協同組合連合会, 2014）。「大学生なのに読書の時間が少ない」と思うでしょうか。しかしそもそも，本の中に収録されているこの文章を読んでいる時点で，あなたはこの数字に違和感を抱く可能性が高いことでしょう。あなたが学生ならば，少なくとも本を読むことがある6割の中に含まれます。さらに，4割の学生がまったく本を読まない中で平均が27分程度ということは，読書をしない学生とする学生の差が大きいと思われ（学生の半数がまったく読書をせず，半数が一日1時間読書をするのなら，平均は一日30分です），あなたが後者である確率も高いと考えられるからです。

　「以前の大学生はもっと本を読んでいたのではないか」と思うかもしれませんが，必ずしもそうではありません。先の調査によると，2004年の大学生の一日の読書時間も30分程度だからです。加えて大学生が読書をしないからといって，活字離れをしているとも限りません。多くの大学生はインターネット上の記事を読み，SNSで身の回りの出来事を書き込みます。これらはすべて文章でのやりとりです。インターネットが未整備の時代の学生よりも現代の大学生の方が，文章を読む量が多いという可能性すらあります。ただ，「本以

外」で文章を読むことが増えているのは間違いないでしょう。

いずれにしても，本章は読書をしながら心理学を学ぶという行為に焦点を当てます。世の中にはインターネット上にも出回っていない知識が書籍の中に多数存在します。読書が習慣になっていないという人は，これを機にぜひ図書館や書店に行って本を探してみてください。

❷ 数冊読もう

読書は勉強そのものではないので，楽しいという気持ちがないとなかなか続きません。しかし，読書をするためには，書かれている内容に関連する知識が不可欠です。これまでに触れたこともない，まったく知らない内容の文章を読むと，読書が苦痛になってしまいます。つまり，読書を楽しむためには，それなりに事前の勉強が必要になるのです。

読書をしながら見識を広げる1つの方法は，あるテーマについて複数の本を読んでみることです。特に，あるテーマについて賛成の立場と反対の立場など，異なる立場の著者の本を読んでみると，考え方の広がりを知ることができます。たとえ自分が特定の立場をとっていたとしても，それとは反対の立場の意見から書かれた本を読むことで，異なる視点からもその問題を考えることができるようになります。大学での勉強は「考え方」や「視点」を学ぶところに意義があります。このような読書の仕方は，その学びを助けてくれることでしょう。ただしもちろん，ある問題に対してさまざまな立場，複数の視点から考える際には知識も必要になるのは間違いありません。

同じようなテーマの複数の本を読んでいると，同じトピックを扱ったものに出会うことがあります。このような「この話は以前別の本で読んだことがある」といった気付きがあると，その内容が自分の記憶の中に定着してきます。また同一テーマで複数の読書という方法は，心理学のテキストを読むときにも使えます。1冊の教科

書を隅から隅まで完璧に覚えるまで読むのもよいかもしれませんが，複数のテキストを読み比べてみてはどうでしょうか。複数のテキストに共通して取り上げられているトピックは，複数の研究者が取り上げようと思ったものです。きっとそこには，重要な知見が含まれていることでしょう。

❸ 記録しよう

　本を読んだら，できるだけ記録しておきましょう。ノートに書いて記録してもよいですし，パソコンのメモ帳やワープロソフト，スプレッドシートにまとめても構いません。スマートフォンやタブレットで読んだ本の写真を撮りSNSやブログにアップしてもよいですし，情報蓄積サービスやデータベースサービスに登録するのもよいでしょう。とにかく何かに記録しておくのです。そうすれば，後で情報を見直すこともできますし，自分自身の読書習慣を見つめなおすきっかけにもなります。

　さらに大学の勉強に活かすという視点を加えると，読書をしながらもう少し頻繁にメモをとる習慣をつけるのも有効です。このメモをデジタル化しておけば，レポートや卒論執筆に活かすこともできます。検索機能を利用して，これから執筆しようとするレポートや論文に関連するメモを見つけ出し，引用することができるからです。

　メモをとるのであれば，同時に書誌情報も記録しておきたいところです。書誌情報とは，本の著者名，発行年，タイトル，出版社名，メモをとった部分のページ番号などのことです。書誌情報があれば，レポートや卒論にメモを活かしやすくなります。引用元の本をもう一度見直すこともできますし，メモをレポートに利用した際に引用文献リストに文献を加える事も容易になります。近年，レポートや論文への無断転載が問題になることもありますが，メモをとる際に書誌情報を控えておけば，引用文献を明記するのが楽になります。それは意図しない無断転載の防止にもつながることでしょう。

❹ 心理学の本を探そう

　書店に行くと，心理学の本が並んだコーナーがあります。そこには，どのようなタイトルが並んでいるでしょうか。「よくわかる○○」「マンガで○○」といったこれさえ読めば心理学（の一部の領域）が理解できるようなタイトルのもの，「○○に役立つ」「○○が実現する」といった人生や生活に役立ちそうなヒントを集めたようなものもあります。また，「開運○○」とか「霊との○○」とか「生命の○○」「運命の○○」など，心理学の書棚には占いや宗教，スピリチュアル系統の本も並んでいることがよく見られます。

　さて，ここに大きな問題があります。それは，ふらりと図書館に行ったり，いきあたりばったりで書店に立ち寄ったり，インターネット書店で検索窓に「心理学」と入力してベストセラーを探したりしても，どのような本を読んだら心理学（一般的に大学で学ぶような心理学）の勉強に役立つのか，皆目検討がつかないという問題です。

　しかも，「この1冊だけで！」といったキャッチーでわかりやすそうなタイトルの本は，大学の心理学の勉強には不十分である可能性もあります。例えば恋愛心理学の本には，よく「吊り橋理論」（Dutton & Aron, 1974）が紹介されます。コンクリート製の橋を渡ったあとよりも，揺れて怖い吊り橋を渡ったあとの方が，心臓のドキドキを異性への愛情と勘違いしてしまう，という一般的によく知られた理論です。このような理論があることを知っておくことは重要です。しかし，大学で心理学を学ぶ上で知っておいてほしいのは，この理論がどのような実験操作のもとで何を従属変数（測定される実験参加者の反応）とし，どのような結果が得られたことを根拠としているかであり，その実験にどのような問題点があり，関連してどのような研究が行われたかです。できれば読書を通じて，他の知識とのつながりや知識の深まりを体験したいものです。

　では，どのような本を手にしたらよいのでしょうか。

「肩書きで人を判断するのはよくない」と思うかもしれませんが，1つの判断基準は「著者が心理学者であること」です。例えば大学で教鞭をとり，心理学に関する学位（博士号）をもっていること，心理学の研究業績（論文）があることです。インターネットで著者名を検索すれば，これらの情報を得ることができます。パラパラと本をめくってみてその本の内容が心理学の研究知見に基づいているのかどうかがわからないのであれば，著者の肩書きも1つの重要な情報源になります。ただしあとに紹介する本の中には，心理学者以外の作家が書いたものでも，心理学やその周辺の研究知見をうまく利用しつつ，面白く内容も充実した本もありますので注意が必要です。

　また「他の信頼できる情報源を頼ること」も本選びには有効です。例えば専門家に尋ねる，つまり心理学を教える教員におすすめの本を尋ねることもよいでしょう。直接心理学者に尋ねなくてもTwitterやFacebookなどのSNSやブログでは心理学者が気になった書籍を紹介することがありますし，各種雑誌には心理学関係書籍の書評が掲載されています。さらに心理学のブックガイドも出版されています（越智他, 2011）。

　心理学の書籍を専門的に扱っている複数の出版社は，「心理学書販売研究会」（http://shinpanken.blogspot.jp）というグループを構成しています。このサイトの情報更新頻度はそれほど高くはないのですが，そこから心理学を専門に扱っている出版社のwebサイトへ（もちろん，本書を出版しているナカニシヤ出版のサイトへも）行くことができます。そこから情報を探してみてはどうでしょうか。加えて「本に引用されている本を辿ること」「同じ著者の別の本を手に取ること」も，本を探す1つの有効な方法です。「面白い」と思った本の最後の方に引用文献リストがあれば，そこから芋づる式に本を辿っていきましょう。

❺ おすすめの本は？

　多くの心理学に関連する本は，特定のテーマを扱っています。それは，「○○心理学」という心理学内の枠組みではなく（テキストにはそのような切り口のものが多いのですが），何かの現象に焦点を当てたものが多いといえます。近年，さまざまなテーマの面白い本が出版されています。ただし心理学の勉強につなげるのであれば，内容が著者の経験や思いつきによるものではなく，心理学の研究知見，特に実証的な研究（実際に科学的に効果が確かめられている）にもとづいているものがよいでしょう。

　また心理学という学問の成立以前にも関連する長い歴史があり，成立以降にも大きな変化がありました。歴史の中で多くの心理学者が他の研究者と関係し，多くの研究を行い，多様な社会的実践も行なってきています。そのような，人物や歴史に焦点を当てた本も出版されています。歴史的視点に興味があったり，そもそも科学とは何か，心理学とは何かということに興味があったりする場合には，このような歴史を扱った本も興味をもって読み進めることができることでしょう。

　では最後に，筆者が過去3年間に読んだ本の中から，楽しみながら心理学を学ぶことができそうなものを独断と偏見で選んでみたいと思います（表10-1）。なお，ここでは勉強のためのいわゆる「テキスト」は挙げていないので，他の情報を探してください（第8章でいくつか紹介しています）。このリストの他にもきっと面白い本はあるはずで，今後もこれまで以上に面白い本が出版されることでしょう。あくまでもこのリストは著者の好みにすぎないことを踏まえてもらえればと思います。

　このリストに限らず，ぜひ興味をもてそうな本を手にとってみてほしい。そこを入り口として，心理学という広い世界へと踏み出していこう。

5 おすすめの本は？ 151

表 10-1 筆者おすすめの心理学関連本
（2011 年以降の出版で筆者が読んだものの中から選択）

タイトル	著者・出版社・発行年・頁	一言
発達・人生		
人生は 20 代で決まる：TED の名スピーカーが贈る「仕事・結婚・将来設計」講義	メグ・ジェイ／小西敦子（訳）　早川書房　2014 年　304 頁	もしもあなたが 10 代から 20 代前半までならこの本を読むべきです。20 代の選択が一生を左右することもあると気づくことができます。
卒アル写真で将来はわかる：予知の心理学	マシュー・ハーテンステイン／森嶋マリ（訳）　文藝春秋　2014 年　245 頁	卒業アルバムの写真を見ただけで将来幸せな結婚生活が送れるかどうか予測できる……そんな研究があることを知れば、心理学に興味が湧くはずです。
長寿と性格：なぜ、あの人は長生きなのか	ハワード・S・フリードマン，レスリー・R・マーティン／桜田直美（訳）　清流出版　2012 年　254 頁	どんな性格の人が長生きすると思いますか？いや「思う」だけでなく実際に、です。これを知るには、非常に長い時間がかかります。ずっと人々を追いかけて、長生きするかどうかを確かめないといけないのです。
「勇気」の科学：一歩踏み出すための集中講義	ロバート・ビスワス＝ディーナー／児島　修（訳）　大和書房　2014 年　264 頁	著者は幸福感研究で有名なエド・ディーナーの息子で同じく心理学者。「ポジティブ心理学界のインディ・ジョーンズ」と呼ばれるように著者自ら勇気を体験します。
錯覚・思い込み		
超常現象の科学：なぜ人は幽霊が見えるのか	リチャード・ワイズマン／木村博江（翻訳）　文藝春秋　2012 年　320 頁	「幽霊がいる」わけではなく「幽霊を見てしまう」のです。人間がいかに超常現象を体験してしまうのか、読んだら誰かに言いたくなる内容ばかりです。
錯覚の科学（文庫版）	クリストファー・チャブリス，ダニエル・シモンズ／木村博江（訳）　文藝春秋　2014 年　445 頁	「錯覚」というタイトルですが、錯視の話が中心ではありません。この本を読めば、注意や記憶や自信や知識も「錯覚ばかり」だということを思い知ることでしょう。
スーパーセンス：ヒトは生まれつき超科学的な心を持っている	ブルース・M・フード／小松淳子（訳）　インターシフト　2011 年　416 頁	ここに 1 枚のカーディガンがあります。実はこのカーディガン，殺人鬼が殺人を犯した時に羽織っていたものです。あなたはこれを羽織れますか。羽織れないのはなぜでしょう。カーディガンに何がついているのでしょう。
子どもの頃の思い出は本物か：記憶に裏切られるとき	カール・サバー／越智啓太・雨宮有里・丹藤克也（訳）　化学同人　2011 年　352 頁	記憶は何歳までさかのぼることができるでしょう。どうして幼い頃のことをよく思い出せないのでしょう。なぜこんなに忘れてしまうのでしょう。記憶をめぐる多くのトピックを学ぶことができます。
影響力の正体：説得のカラクリを心理学があばく	ロバート・B・チャルディーニ／岩田佳代子（訳）　SB クリエイティブ　2013 年　400 頁	チャルディーニの名著『影響力の武器』の改訂版。初学者には改訂前よりもこちらのほうが読みやすいかもしれません。なぜ人が不必要な物を買ってしまうのか、なぜ説得されてしまうのか、そのメカニズムが明らかにされます。

第 10 章　本で学ぶ心理学

タイトル	著者・出版社・発行年・頁	一言
選択の科学：コロンビア大学ビジネススクール特別講義（文庫版）	シーナ・アイエンガー／櫻井祐子（訳）　文藝春秋　2014 年　460 頁	あなたは毎日，何かを選択しています。服の選択から人生の岐路まで，人生は「選択」の連続ですが，そこにはどのような要因があるのでしょうか。
ファスト＆スロー：あなたの意思はどのように決まるか？（上）（下）（文庫版）	ダニエル・カーネマン／村井章子（訳）　早川書房　2014 年　448 頁（上）／432 頁（下）	2002 年にノーベル経済学賞を受賞した心理学者・経済学者ダニエル・カーネマン。人がどのように意思決定を行うのか，そこにどのような偏りがあるのかを実験的に示した経緯も書かれています。上に挙げた本を何冊か読んだ後に読むとより理解できます。

特定の側面に注目

タイトル	著者・出版社・発行年・頁	一言
WILLPOWER 意志力の科学	ロイ・バウマイスター，ジョン・ティアニー／渡会圭子（訳）　インターシフト　2013 年　360 頁	お腹が空くと集中力が途切れます。本当に何かを一生懸命我慢するとエネルギー切れになり，食事をすると回復するのです。世界的に知られた社会心理学者バウマイスターが自らの研究成果を紹介します。
あなたはなぜ「嫌悪感」をいだくのか	レイチェル・ハーツ／綾部早穂（監修）／安納令奈（訳）　原書房　2012 年　372 頁	何かを見て「気持ち悪い」と思ったことがあるでしょう。世界中の人が同じものに対してそう思うのでしょうか。何歳からそうなるのでしょう。こういった問題も心理学の守備範囲だということがわかります。
あくびはどうして伝染するのか：人間のおかしな行動を科学する	ロバート・R・プロヴァイン／赤松眞紀（訳）　青土社　2013 年　288 頁	あくびや咳，くしゃみ，しゃっくり，吐き気など，人が普段何気なく行う行動を科学的に研究。「何の役に立つのですか」と言ってはいけません。どこかで何かの役に立つ……かもしれないのですから。
ヒトはなぜ先延ばしをしてしまうのか	ピアーズ・スティール／池村千秋（訳）　阪急コミュニケーションズ　2012 年　356 頁	「先延ばし」……つまり締め切りがあってもズルズルと取り組むのが遅れてしまう行動です。こういった行動を専門に研究する心理学者がいるというのを知っていたでしょうか。
競争の科学：賢く戦い，結果を出す	ポー・ブロンソン，アシュリー・メリーマン／児島修（訳）　実務教育出版　2014 年　360 頁	「競争」「勝ち負け」をキーワードに，心理学だけでなく生物学や脳神経科学など広い研究領域の研究知見に触れることができます。
脳の中の時間旅行：なぜ時間はワープするのか	クラウディア・ハモンド／渡会圭子（訳）　インターシフト　2014 年　304 頁	実際に時間が伸びたり縮んだりするわけではありません。どうしてあっという間に時間が過ぎたり，いつまでたっても過ぎなかったりするのでしょうか。そのような時間感覚も心理学の研究範囲です。
社会はなぜ左と右にわかれるのか：対立を超えるための道徳心理学	ジョナサン・ハイト／高橋洋（訳）　紀伊國屋書店　2014 年　616 頁	「リベラルと保守」「左と右」……アメリカの政治はこの対立軸で語られることが多いのです。人が何を正しく，何を正義だと考えるのか，そして政治志向の様相が心理学から明らかにされます。

5 おすすめの本は？

タイトル	著者・出版社・発行年・頁	一言
性格（パーソナリティ）		
内向型人間の時代：社会を変える静かな人の力	スーザン・ケイン／古草秀子（訳） 講談社 2013年 360頁	内向的な人と外向的な人、あなたはどちらでしょう。また、どちらになりたいでしょう。この本を読むと、アメリカ文化がいかに外向性を高く評価しているかがわかります。コミュ力を重視するようになった日本も？
運のいい人の法則（文庫版）	リチャード・ワイズマン／矢羽野薫（訳） 角川書店 2011年 316頁	「運のいい人」と「運の悪い人」は何が違うのかを、心理学の実証研究からアプローチします。もちろん「運」という「もの」があるわけではありません。
自己愛過剰社会	ジーン・M・トウェンギ、W・キース・キャンベル／桃井緑美子（訳） 河出書房新社 2011年 385頁	「個性的に」「ポジティブに」「自信を持って」……結果的にその掛け声が自己愛（ナルシシズム）につながるのです。アメリカ社会の中で自己愛傾向がいかに増大しているかを描いています。日本はどうなるでしょうか。
サイコパス：秘められた能力	ケヴィン・ダットン／小林由香利（訳） NHK出版 2013年 352頁	「サイコパス」という言葉を聞いたことがありますか。インターネットに「サイコパス診断」なんていうものがありますが信用できるのでしょうか。またサイコパスには何か利点はあるのでしょうか。
性格を科学する心理学のはなし：血液型性格判断に別れを告げよう	小塩真司 新曜社 2011年 196頁	ここで筆者の本も紹介させてください。血液型性格判断のどこが問題なのかを軸にしながら、パーソナリティ心理学について、また科学的にパーソナリティを扱うとはどういうことなのかを解説しています。
動物		
魚は痛みを感じるか？	ヴィクトリア・ブレイスウェイト／高橋洋（訳） 紀伊國屋書店 2012年 262頁	魚の本です。しかし、心理学が関係ないかというとそうではありません。「痛み」という心的反応について、しかも「魚」という「話してくれない」対象でどう確かめたらよいか、これは心理学にも共通するテーマです。
ダンゴムシに心はあるのか：新しい心の科学	森山徹 PHP研究所 2011年 223頁	こちらはダンゴムシです。いったい「心」とは何でしょうか。人間なら疑問にも浮かばないかもしれませんが、相手がダンゴムシだけに大きな問題となります。ダンゴムシの生態もよくわかります。
イカの心を探る：知の世界に生きる海の霊長類	池田譲 NHK出版 2011年 336頁	こちらはイカについてです。無脊椎動物ですが神経系が発達しており、脳のサイズは体の大きさの比率からすると魚類や爬虫類よりも大きいそうです。果たしてイカに「知性」はあるのでしょうか。

タイトル	著者・出版社・発行年・頁	一言
歴史・人物		
愛を科学で測った男：異端の心理学者ハリー・ハーロウとサル実験の真実	デボラ・ブラム／藤澤隆史・藤澤玲子（訳） 白揚社 2014年 429頁	サルの赤ちゃんが針金でできた人工の母親にしがみついている写真をどこかで目にしたことがありませんか。ハーロウはどうしてそのような研究をしたのか，当時の心理学を取り巻く様子も描かれています。
超常現象を科学にした男：J. B. ラインの挑戦	ステイシー・ホーン／石川幹人（監修）／ナカイサヤカ（訳） 紀伊國屋書店 2011年 348頁	「超心理学」という心理学の一分野があります。その分野を切り開いたのが J. B. ラインです。何かで ESP カードを見聞きしたことがあるかもしれません。厳然たる科学という手法で超能力を扱おうとした歴史が描かれます。
フロイトの脱出	デヴィッド・コーエン／高砂美樹（訳） みすず書房 2014年 448頁	フロイトは晩年，82歳という高齢でナチスから逃れるためオーストリアのウィーンからロンドンへ脱出します。フロイトの功績も詳しく描かれます。
セラピスト	最相葉月 新潮社 2014年 345頁	日本でカウンセリングがどのように受容されてきたのか，その歴史も辿りつつ，セラピストとは何かを探るノンフィクションです。
異端の統計学 ベイズ	シャロン・B・マグレイン／冨永 星（訳） 草思社 2013年 510頁	「統計が苦手」というなら，統計にかかわる歴史や人物の物語はどうでしょう。統計学者であっても人間であり，歴史に翻弄されたり他の研究者との確執があったりすることもわかって興味が湧いてくるはずです。

参考文献

Dutton, D. G., & Aron, A. P. (1974). Some evidence for heightened sexual attraction under conditions of high anxiety. *Journal of Personality and Social Psychology*, **30**, 510–517.

越智啓太・徳田英次・荷方邦夫・望月 聡・服部 環（監修）(2011). 心理学の「現在」がわかるブックガイド 実務教育出版

全国大学生活協同組合連合会 (2014). 第49回学生生活実態調査の概要報告 〈http://www.univcoop.or.jp/press/life/report.html（2014年10月19日アクセス）〉

コラム⑳ 心理学とコンピュータ

前田和寛

　もしあなたが心理学を学ぼうと思っていて，そしてコンピュータに対して苦手意識をもっているのなら，ぜひ早めに克服することをおすすめします。なぜなら，心理学を学ぶ上でコンピュータは必要不可欠ですから。

　先行研究を探して論文を読むのはとても大切なことです。心理学と一言でいっても関連する雑誌は膨大です。これまでに刊行された雑誌の中から自分の必要な論文を探すために，コンピュータの力を借りずにすることはもうほとんど無理です。ただやみくもに手当たりしだいに探して読んでいては時間がいくらあってもたりません。だから心理学関連の文献データベースにコンピュータからアクセスして自分が興味のあるキーワードをもとに文献を探すことになります。また最近では論文そのものがインターネットを通じて入手できるようになってきていますので，コンピュータなどで文献を読むための環境もほしいところです。

　心理学の研究では，多くの場合仮説を検証するためにデータを集めます。データを集めるには，実験で測定したり，観察や面接をして記録したり，質問紙調査を実施したりします。実験を実施するには，その内容によってはさまざまな機材をコントロールしないといけません。また必要に応じてプログラムを自作することもあります。質問紙調査を実施するためには調査票を作りますので文書作成ソフトなどを使いこなさなければなりません。行動観察や面接による記録も，基本的にコンピュータに入力して整理してデータベース化しますし，場合によっては映像や音声をデジタルデータとしてコンピュータに取り込み編集することにもなります。このように，データを収集するのにもコンピュータが欠かせません。

　データを集めたら分析ですが，分析を実施するには手計算や電卓では手に負えないほど大量で複雑な計算を行わなければなりません。ほぼ間違いなく表計算ソフトや統計解析ソフトを使うことになります。これらは十分に使いこなせるようになるためには相当の時間が必要で，時にはコンピュータに関する知識が求められることもあります。心理学を学ぶ者の鬼門となることもしばしばです。

　分析したら，明らかになったことを報告します。論文や報告書などは文書作成ソフトが必要で，これらの報告書にはいわゆる「お作法」というべき細かい約束事があります。また発表は通常プレゼンテーションソフトを使いますが，発表間際になって想定したとおりに動作しないことがわかったり，なにかとトラブルが発生しやすく対応に追われることもあります。

　このように心理学を学ぶためには文書作成・表計算・プレゼンテーションなどのソフト，インターネット上の文献データベース，そして統計解析ソフトがそれなりのレベルで使えるようになることが必要なのですが，目をそむけている人も多いのが現状です。これらの技術は心理学を学ぶ以外でも十分に役に立つので，ぜひ楽しみながらコンピュータに向き合ってほしいところです。

コラム㉑　理想的なリーダーってどんな人？

山浦一保

1. 望ましいリーダーとは？

リーダーの望ましさとは何でしょうか。ある人は，パフォーマンスを上げてくれる人をよいリーダーと思い，ある人は，チームをうまくまとめてくれる人をよいリーダーと思うかもしれません。その中で，望ましいリーダーを何とか整理し説明しようと，いくつもの視点で研究が試みられています。例えば，その1つは，リーダーの言動に注目します。チームや個人の高い力量を引き出せるリーダーはよいリーダーと考えます。また，フォロワー（リーダーの部下など）が思い描くリーダー像に注目します。フォロワーのイメージと合致しているリーダーはよいリーダーというわけです。集団では，リーダーとフォロワーの関わりで目標達成していくわけですから，それぞれの目線に立ってリーダーのあり方を考えていくことは重要です。

2. 望ましいリーダーの言動とは？

あなたは，所属集団で，ふだんどのようにふるまっているでしょうか。例えば，集団内の相互作用を重視し，報酬（お金やものなどの物理的報酬や，褒めたり相談に乗ったりする心理的な報酬）を与えながらチームをまとめて目標達成へと導くのは，交流型リーダーシップと呼ばれています。

そして，社会経済の変化が激しく不確実性が高まって以来，この交流型リーダーシップに加えて注目されたのが，変革型リーダーシップです。これは，環境や近い将来の変動を予測し，それに適応できるように個々人の鼓舞と集団の創造を促しながら集団を導いていくリーダーシップのことで，理想のリーダー像と非常に近いものだといわれています。

3. フォロワーにとって望ましいリーダー像とは？

リーダーシップ（相手に効果的な影響力を及ぼすこと）の難しさは，フォロワーが，理想のリーダーとか，リーダーはこういう人であるべきだ（プロトタイプ）というフィルターを通して，リーダーを見て反応している点から生じている部分もあります。

ニコルズとコットレルは，広い年齢幅の従業員を対象に調査を行い，リーダーに対してフォロワーが高く望んでいた特性は，リーダーの信頼性と知性であることを見出しました。さらに，フォロワーは，低い階層のリーダーであれば，関係志向的な特徴（例えば，気配りができる，協力的，支援的等の特徴）を有していることを理想とし，高い階層のリーダーには，タスクフォースの特徴（野心的，主張的，度胸がある等の特徴）を望む傾向にあることがわかりました。

そして，理想と一致するリーダーだと認知するフォロワーは，そのように認知していないフォロワーよりも，リーダーとの関係は良好であり，仕事満足度や組織への愛着心が高かったのです（ちなみに，これはプロトタイプと一致した行動をとるリーダー以上の効果でした）。

この結果にもとづけば，現場が目標達成に向けてリーダーに何を望んでいるのか，その声を拾い，それに適切に対応することは，職場の活性化に繋がる第一歩であることを示唆しているといえるでしょう。

事項索引

ア行
アメリカの大学 129

医学 94
怒り 57
医師免許 94
一般教養科目としての
　心理学 2
遺伝 64
因果 107
インターネット 115
　——検索 10

ウィキペディア 118
ウソ 67
鬱 65

エビデンス 91
演習科目 6

応用研究 80
オープンキャンパス
　16, 139
おすすめの本 150

カ行
会員数 59, 76
カウンセラー 36, 81
　——の資格 36
　——の将来展望 36
　——の学びの場 36
　産業—— 24, 30

シニア産業—— 31
　スクール—— 18
　大学—— 22
科学 49, 87
科学研究費 87
　——助成事業 136
科学的方法 54
科学哲学 49
学士（編）入学制度
　40
学習 12, 63, 64, 89, 93
学習心理学 12, 57, 63
学部 10
学問 49
仮説 79
学会 58, 76
　——入会 4
　——発表 4
学校心理士 29
科目 62
科目等履修生制度 40,
　44
カリキュラム 9, 13, 36
感情心理学 57

企業 65
　——の心理学者 33
基礎研究 80
基礎実験 7
偽薬効果 51
教育学部系列の心理学
　講座 11, 42

教育基本法 73
教育心理学 64
教育領域の仕事 21
教員免許 74
教科書 12
業務独占資格 26

グーグル・スカラー
　118
クライエント 51, 65

ケーススタディ 54
研究 78
　——活動 75
　——への動機づけ
　43

行為後悔 68
効果 52
後悔 68
講義 4
　——科目 5
高校までの教科 1
講座 10
行動主義 93
行動生態学 64
公認心理師法案 32
公務員採用試験 23
交流型リーダーシップ
　156
国立大学 10
心の医療 95

こころ（心）のケア 17, 100
心の哲学 93
子育て 84
国家資格化 18, 36
子どもの食 97
コンピュータ 155

サ行
座学 5
錯視 62, 92, 128
雑誌 60
産業（・組織）心理学 65
産業カウンセラー 24, 30

幸せ 103
GPA 129
資格 25
刺激と反応 56
自己効力感 48
自然科学 88
実験 50, 88
実験者効果 51
実験心理学 88
実習科目 6
質的なデータ 55
シニア産業カウンセラー 31
自分が学びたい心理学 12
司法・矯正・保護・警察領域の仕事 23
社会人 37
　　――の大学院生 43
社会人大学院生の生活 46
社会人入学試験 39
　　――の出願資格 37
社会人の大学院生 43
社会心理学 8, 65
社会的認知 66

修士課程 46
修士の学位 41
就職 43
受験説明会 72
状況的リーダーシップ理論 112
条件づけ 93
消費者の購買行動 112
シラバス 9
私立大学 11, 15, 75
人格心理学 65
進行中の研究 136
心理開業領域の仕事 25
心理カウンセラー 17
心理学 49, 132
　　――イメージ 3, 45
　　――を学べる大学 15, 132
　　一般教養科目としての―― 2
　　学習―― 12, 57, 63
　　感情―― 57
　　教育―― 64
　　産業（・組織）―― 65
　　実験―― 88
　　社会―― 65
　　生理―― 64
　　選択科目としての―― 5
　　知覚―― 62
　　認知―― 8, 66
　　比較―― 57, 64
　　必修科目としての―― 5
　　臨床―― 8, 65
心理学関係学部卒業者 41
心理学教育 91
心理学検定 31
心理学者 71, 81, 82, 87
　　企業の―― 33
「心理学ってなんだろう」 137
心理学的測定 89
心理学論 55
『心理学ワールド』 137, 143
心理検査 90
心理職の国家資格化 32, 95
心理相談 17
心理的リアクタンス 112
心理テスト 5, 90
心理療法 51, 95

数学 14
数字 14, 89
スクールカウンセラー 18
スマートフォン 115

性格 65
生活技能訓練 95
精神科医 94

精神分析　54
性理学　113
生理心理学　64
絶対　122
ゼミ　8
　──配属　6
セラピスト　81
選択科目　8
　──としての心理学　5
専門家　51
専門職大学院　29

相関　107
卒業論文　111
ソフトウェア　109

タ行
大学院生　77
大学運営　75
大学カウンセラー　22
大学教員　72
大学教科　1
大学・研究所領域の仕事　22
大学生の一日の読書時間　145
大学全入時代　25
第三者　51
他集団を攻撃する「心」　141
他人の心　101

知覚　89, 91
知覚心理学　62
地方中小大学　15
聴覚　33

長期履修制度　39

追試　50
つながり　120
吊り橋理論　148

データ分析　14, 104
哲学　91
出前講義　15

東京大学　10
統計学　7
統計処理　14
動物実験　64
図書館　121

ナ行
内省　119

20世紀の心理学の発展に貢献した心理学者100名　71
日本産業カウンセラー協会　29
日本心理学諸学会連合　31, 58, 76
日本心理学会　4, 27
日本臨床心理士資格認定協会　28
入学試験の出願資格　38
認知　89
認知心理学　8, 66
認定心理士　27
　──資格のためのカリキュラム　62

脳　64

ハ行
博士後期課程　43, 46
働きながらの通学　42
発達心理学　8, 64
パブロフのイヌ　56
反証可能　50

ピア・レビュー　60, 133
被引用数　61
PDFファイル　116
比較心理学　57, 64
非行為後悔　68
ビジネス　112
必修科目　6
　──としての心理学　5
人助け　99
標準修業年限　39
昼間の通学　44

不安　51, 102
フィールド観察　85
フォロワー　156
福祉領域の仕事　19
文学部系列の心理学講座　11, 42
文系の学問　87
文献検索サービス　116
分野　58

変革型リーダーシップ　156

保健医療領域の仕事

20
ポスドク　*116*
北海道大学　*10*
炎　*98*
ポリグラフ検査　*67*
本を探す　*149*

マ行
マーケティング　*112*
マイクロ・マクロ・ダイナミクス　*65*
マネジメント　*112*

民間資格　*29, 36*

名称独占資格　*26*
メモをとる　*147*

モチベーション　*47*

ラ行
ランチメイト症候群　*85*

リーダー　*156*
リーダーシップ　*112*
リサーチアシスタント　*129*
リッカート尺度　*53*
領域　*62*

量的なデータ　*55*
理論　*81*
臨床心理学　*8, 65*
臨床心理士　*20, 26, 28, 94*
　──の技能　*28*
　──の動向調査　*28*
臨床発達心理士　*29*

労働・産業・企業領域の仕事　*24*
論文　*60, 133*

ワ行
笑い　*79*

人名索引

A-Z
Aron, A. P. *148*
Dutton, D. G. *148*

ア行
今田純雄 *126*
ヴント, W. *92, 122*
越智啓太 *149*

カ行
カーネマン, D. *126*
ギロビッチ, T. *68*
コットレル, C. A. *156*

サ行
シェリフ, M. *141*
佐藤方哉 *126*
シャクター (Schachter, S.) *72*
シュワルツ, B. *69*
スキナー (Skinner, B. F.) *72, 126*
ソーンダイク, E. (Thorndike, E.) *72, 93*

ソクラテス *92*

タ行
高橋康介 *63*
デカルト, R. *92*

ナ行
中西大輔 *126*
ニコルズ, A. L. *156*
西 周 *113*

ハ行
ハイト, J. *116*
ハッグブルーム, S. J. *71*
パブロフ, I. P. *56, 93*
バンデューラ (Bandura, A.) *48, 72*
ピアジェ (Piaget, J.) *72*
ヒューム, D. *92*
フェスティンガー (Festinger, L.) *72*
フッサール, E. G. A. *92*

プラトン *92*
フロイト, S. *5, 71, 72*
ポパー, K. R. *50*

マ行
マズロー, A. H. (Maslow, A. H.) *72*
ミラー, N. E. (Miller, N. E.) *72*
メドヴェク, V. H. *68*

ヤ行
柳父 章 *113*
山岸俊男 *141, 142*

ラ行
ランガム, R. *98*
ロジャーズ (Rogers, C. R.) *72*
ロック, J. *92*

執筆者紹介（五十音順，*は編者）

井川純一（いがわ じゅんいち）
大分大学経済学部准教授
担当：コラム 6

今田純雄（いまだ すみお）*
広島修道大学健康科学部教授
担当：Chapter 5, 8, コラム 13, 15, 16

小塩真司（おしお あつし）
早稲田大学文学学術院教授
担当：Chapter 10

小杉考司（こすぎ こうじ）
専修大学人間科学部准教授
担当：コラム 1

小宮あすか（こみや あすか）
広島大学大学院総合科学研究科准教授
担当：コラム 9

清水　充（しみず みつる）
Southern Illinois University Edwardsville / School of Education, Health and Human Behavior / Assistant Professor
担当：コラム 17

志和資朗（しわ しろう）
広島修道大学健康科学部教授
担当：Chapter 2, コラム 4

大坊郁夫（だいぼう いくお）
北星学園大学学長
担当：コラム 7

田山　淳（たやま じゅん）
長崎大学教育学部准教授
担当：コラム 5

戸梶亜紀彦（とかじ あきひこ）
東洋大学社会学部教授
担当：コラム 14

外山紀子（とやま のりこ）
早稲田大学人間科学学術院教授
担当：コラム 11

中西大輔（なかにし だいすけ）*
広島修道大学健康科学部教授
担当：Chapter 1, 4, 7

根ヶ山光一（ねがやま こういち）
早稲田大学人間科学学術院教授
担当：コラム 12

古満伊里（ふるみつ いさと）
広島修道大学健康科学部教授
担当：Chapter 2

前田和寛（まえだ かずひろ）
IT 企業勤務（元比治山大学短期大学部講師）
担当：コラム 20

増田尚史(ますだ ひさし)
広島修道大学健康科学部教授
担当:Chapter 3

松田いづみ(まつだ いづみ)
警察庁科学警察研究所法科学第四部主任研究官
担当:コラム 8

松田昌史(まつだ まさふみ)
NTT コミュニケーション科学基礎研究所メディア情報研究部
担当:コラム 3

三浦麻子(みうら あさこ)
関西学院大学文学部教授
担当:Chapter 9

宮谷真人(みやたに まこと)
広島大学大学院教育学研究科教授
担当:コラム 19

村山 綾(むらやま あや)
近畿大学国際学部専任講師
担当:コラム 10

山浦一保(やまうら かずほ)
立命館大学スポーツ健康科学部准教授
担当:コラム 21

横田晋大(よこた くにひろ)
広島修道大学健康科学部教授
担当:コラム 18

渡邊芳之(わたなべ よしゆき)
帯広畜産大学人間科学研究部門教授
担当:Chapter 6

大学教員 P
担当:コラム 2

あなたの知らない心理学
大学で学ぶ心理学入門

| 2015 年 7 月 7 日 | 初版第 1 刷発行 |
| 2023 年 3 月 31 日 | 初版第 4 刷発行 |

（定価はカヴァーに表示してあります）

編　者　中西大輔
　　　　今田純雄
発行者　中西　良
発行所　株式会社ナカニシヤ出版
〒606-8161　京都市左京区一乗寺木ノ本町 15 番地
　　　　　　Telephone　075-723-0111
　　　　　　Facsimile　075-723-0095
　Website　http://www.nakanishiya.co.jp/
　E-mail　iihon-ippai@nakanishiya.co.jp
　　　　　　郵便振替　01030-0-13128

装幀＝白沢　正／印刷・製本＝創栄図書印刷
Copyright © 2015 by D. Nakanishi, & S. Imada.
Printed in Japan.
ISBN 978-4-7795-0906-3

本書のコピー，スキャン，デジタル化等の無断複製は著作権法上の例外を除き禁じられています。本書を代行業者の第三者に依頼してスキャンやデジタル化することはたとえ個人や家庭内の利用であっても著作権法上認められていません。

ナカニシヤ出版◆書籍のご案内　表示の価格は本体価格です。

心理学概論 [第2版]
岡市廣成・鈴木直人 [監修]　各領域の専門家が、必須内容を初学者向けにわかりやすく解説。古典から最新トピックまで網羅した学部生向けテキストの決定版。　3200円＋税

心理学概論
京都大学心理学連合 [編]　心の先端研究ユニットを担う京都大学心理学系教員総勢45名による、学術的に正確かつ読みやすくスタンダードな本格的大型テキスト。　3000円＋税

スタートアップ「心理学」　高校生と専門的に学ぶ前のあなたへ
小川一美・斎藤和志・坂田陽子・吉崎一人 [著]　目の錯覚や記憶の仕組みに人間関係の変化……。身近なところから大学で学ぶ心理学をわかりやすく紹介。　1300円＋税

質問紙デザインの技法
鈴木淳子 [著]　自分のたずねたい質問を並べるだけの質問紙から卒業するには？　質問紙法の計画・準備・技法そして倫理的配慮まで体系的に解説。　2800円＋税

教養としての数学 [増補版]
堤　裕之 [編著]・畔津憲司・岡谷良二 [著]　すべての大学生がこれだけは最低でも身に付けておくべき数学と理系学生が前提として知っておくべき知識を1冊で学べるテキスト。　2500円＋税

大学1年生のための日本語技法
長尾佳代子・村上昌孝 [編]　引用を使いこなし、論理的に書く。徹底した反復練習を通し、学生として身につけるべき日本語作文の基礎をみがく初年次科目テキスト。　1700円＋税

大学生のための日本語問題集
山下由美子・中崎温子・仲道雅輝・湯川治敏・小松川浩 [編]　初年次教育をはじめ、リメディアル教育、入学前教育など幅広いレベルに対応したオンラインでも学べる日本語問題集　1800円＋税

文系大学教育は仕事の役に立つのか　職業的レリバンスの検討
本田由紀 [編]　人文・社会科学系の大学教育は仕事に「役立っている」のではないか。調査結果に基づいて、さまざまな角度から検討を行う。　2600円＋税

ゆとり京大生の大学論　教員のホンネ、学生のギモン
安達千李・萩原広道 [他編]　益川敏英・山極壽一・吉川左紀子・三島邦弘 [他寄稿]　突然の大学の教養教育改革を受け、大学教員は何を語り、ゆとり世代と呼ばれた学生たちは何を考え、議論したのか？　1500円＋税